钱学森

为什么我们的学校总是培养不出杰出人才？

为什么他们可以成为大师
——7位华人诺贝尔科学奖得主的成功法则

李凤岐 著

科学出版社

北京

图书在版编目(CIP)数据

为什么他们可以成为大师：7位华人诺贝尔科学奖得主的成功法则/
李凤岐著．—北京：科学出版社，2014
 ISBN 978-7-03-040121-2

Ⅰ. ①为⋯ Ⅱ. ①李⋯ Ⅲ. ①诺贝尔奖-科学家-生平事迹-世界
Ⅳ. ①K811-49

中国版本图书馆 CIP 数据核字（2014）第 046415 号

责任编辑：侯俊琳　李　羚　石　卉　程　凤／责任校对：宣　慧
责任印制：赵　博／封面设计：铭轩堂

科学出版社 出版
北京东黄城根北街 16 号
邮政编码：100717
http://www.sciencep.com

天津市新科印刷有限公司印刷
科学出版社发行　各地新华书店经销

*

2014 年 5 月第 一 版　开本：720×1000　1/16
2025 年 2 月第四次印刷　印张：13 1/2
字数：248 000

定价：48.00 元
（如有印装质量问题，我社负责调换）

FOREWORD

前　言

2005年7月29日，我国著名科学家钱学森教授在迟暮之年仍然思考和关注着中国的人才培养问题。他怀着焦虑与希冀之情，在医院里对前来看望他的温家宝总理说："现在中国没有完全发展起来，一个重要原因是没有一所大学能够按照培养科学技术发明创造人才的模式去办学，没有自己独特的创新的东西，老是'冒'不出杰出人才。"钱老的这道智慧考题，不但引起温总理的"焦虑"，而且也引起教育界、科技界等全国各界人士的关注。为了回答"钱学森之问"，温总理专门邀请国内六所著名大学的校长和教育专家召开会议，集中讨论杰出人才培养问题。

其实，"钱学森之问"提出了两个问题。一是，新中国成立60多年来，为什么大师级人才寥若晨星？按照美国科学界的统计，在2000位科学家中就能产生一位大科学家，即大师级人才。我国科技人才资源总量已超过5100万人，按照这个比例，至少也能产生2500多位大师级人才。可是，我国真正的大师级人才却屈指可数。新中国成立后，中国内地受过高等教育的人数已达1亿多，却没有一位本土诺贝尔科学奖得主。这是一个值得深思的问题。二是，如何培养创新型人才？这个问题从20世纪80年代起就开始讨论，直到现在，仍未讨论清楚。我国本土虽然没有产生诺贝尔科学奖得主，但并不说明中国人不能成为大师级人才。中国人并不比别人笨。新中国成立60多年来，我们也不乏科学领域里勤奋耕耘的著名学者。他们中的佼佼者本可以成为大师，但受历史因素和我国经济条件的制约，加之对创新型人才缺乏激励机制和保护机制，使他们的科研兴趣受到限制，从而影响了一些人的成才之路。而杨振宁、李政道、丁肇中、朱棣文、崔琦、钱永健和高锟这7位华人科学家通过在不同领域的努力奋斗，取得了举世瞩目的成就，获得了诺贝尔科学奖。诺贝尔科学奖是世界公认的、比较权威和公正的科学大奖，其不仅代表一个人的伟大成就和崇高荣誉，更代表一个国家、一个民族对整个世界和人类的贡献。被提名诺贝尔科学奖的人，尤其是诺贝尔科学奖的获奖者，理所当然是该领域的精英、科技界的大师。这说明，中国人也可以成为大师。本书重点介绍了7位华人诺贝尔科学奖得主的成功经验，他们在治学和科研方法上都有独到的见解和成就。"他山之石，可以攻玉"，借鉴这7位华人诺贝尔科学奖得主的成功经验，可以使我们得到一些启示。

这7位华人诺贝尔科学奖得主并不是天才，之所以能成为一流的大师，与他们在学生时代就掌握了科学的治学方法密切相关；他们走上科研岗位以后，又通过导师的指引和自身的探索，掌握了科学的研究方法，这使他们如虎添翼，迅速攀登上科学的顶峰。本书对这7位华人诺贝尔科学奖得主的治学与研究方法进行了详细的阐述和总结。概括来讲，这7位华人诺贝尔科学奖得主的治学方法有以下特点。

（1）求知欲强，目标很明确。强烈的求知欲是人才成长的必要条件。丁肇中从儿童时代开始，就对科学有求知欲。上中学后，丁肇中的学习兴趣更加浓厚，决心"探求自然的奥秘"。直到今天，他仍对实验物理乐此不疲，不管遇到什么情况，都没有改变。

（2）好问善疑，敢于提问题。好问是创造性思维的起点。科学大师李政道，就是一个好问的人。李政道上小学以后，总是向爸爸、妈妈和哥哥提出各种问题。上大学以后，人们给他起个绰号叫"好问迷"。李政道主张，做学问一定要提出前人没有提出的问题，并且充满自信地解决它。

（3）文理兼通，艺术修养高。杨振宁在少年时期，不但数学、物理学得好，而且打下了良好的国学基础，对古典文学、中国历史、绘画和音乐都有深刻领悟。李政道业余时间喜欢画工笔画。

钱永健喜欢色彩，他认为色彩能给人带来创造力。

（4）珍惜时间，勤奋很重要。杨振宁和李政道在西南联合大学（简称西南联大）读书期间，由于图书馆设备简陋，没有读书的地方，就经常到茶馆读书。钱永健在大学时代，不但啃透了化学教科书，还对物理学、生物学、海洋学、神经学都有研究，使他形成多元知识结构，为创新打下了良好的基础。崔琦则把自己比做正在读书、思考与写作的乌龟。因为乌龟能钻得更深，注意力更集中。

（5）善于交流，讲究渗透法。善于交流，就是指在治学时，要多与人交往，经常参加各种学术交流活动。一次，朱棣文在午餐聚会上，获知一位科学家在几年前提出用激光捕捉原子的想法却没有得到上司的注意和重视，不得不停止这项实验。朱棣文便决心集中精力投入激光捕捉原子的研究中去，两年后便实验成功，获得了诺贝尔物理学奖。钱永健经常听其他领域的学术讲座，也给学生们上边缘学科课程。杨振宁最终取得辉煌的成就，也与他掌握渗透的学习方法有着直接的关系。

（6）潜心治学，不为名和利。丁肇中18年只干一件事，即寻找宇宙中的暗物质和反物质，从未考虑其他问题。高锟从1966年发表第一篇光纤理论的文章开始，历经43个春秋，不为各种利益所动，坚持自己的观点，决心实现用石英玻璃制造出适应远距离通信的工具,对世界光纤通信作出了自己的贡献。

上述7位华人诺贝尔科学奖得主的治学方法,是他们一生治学经验的概括和总结;走上科研岗位后,掌握的科研方法又使他们如虎添翼。这些科研方法有以下几个特点。

(1) 有好奇心,对科学有兴趣。是否有好奇心和兴趣是能否具有创新能力的基础条件。丁肇中在读研究生期间,通过与一些实验物理学家的接触,对寻找重光子产生了兴趣。他经常思考一个问题:重光子到底是什么,它有多少种? 好奇心的驱动,使他决心进行这个实验。最后,终于找到了一个新的粒子,取名为"J粒子",并获得诺贝尔物理学奖。被人称为"光纤之父"的高锟,从小就热爱科学,对化学感兴趣。他曾经自己制造过灭火筒、烟花和晒相纸等,组装过有五六个真空管的收音机。长大以后,高锟对科学探索的兴趣越来越浓,当他发现,光纤会在传输的过程中产生剧烈的衰减时,便决心研究衰减问题。最后,通过克服各种困难,终于研究成功,让光纤联通了整个世界。

(2) 充满自信,坚忍不拔。高锟博士从1963年开始从事玻璃光纤研究,当时的主流科学家认为这一研究项目是"不可能完成"的任务。高锟不顾嘲笑,对制造出"纯净玻璃"始终充满信心,没有丝毫的动摇。他以坚忍不拔的意志,实现了用"纯净玻璃"制造光纤的梦想。

（3）选好课题，进行合作、竞争。朱棣文十分注重科研课题的选题工作。他对科研课题有自己的见解。他研究的课题既具有风险性，又具有前瞻性，尤其是具有重要的现实意义。朱棣文1997年荣获诺贝尔物理学奖的科研课题——激光捕捉原子的研究，就是在前人做过多次实验没有成功的情况下完成的。一些科学家称他的那项实验是一项"非常疯狂的实验"。有合作，必然有竞争。竞争对于科学家来说，就是在科学研究中要有竞争精神和竞争态度，赶在别人的前面。例如，丁肇中在发现"J粒子"的过程中与里克特的竞争，钱永健在发现和研究绿色荧光蛋白过程中与下村修、查尔菲的竞争，都是科学史上的经典案例。

（4）科学实验，必须严谨认真。丁肇中就是一个在科学实验中严谨慎微的人。他在探索"J粒子"的实验中，仅在实验之前，就和研究小组的同事们对1000多台电子仪器、三台大型计算机、几千根电缆一一进行细致的检查，从当天早晨一直工作到第二天早晨。在实验过程中，他经常在实验室里待两天两夜，甚至几天几夜都不回家。当发现"J粒子"后，他又要求小组全体成员暂时不要对外宣布这个结果，必须再次核实，一定要做到万无一失。

（5）科学研究，要与艺术融合。杨振宁在理论物理研究中很讲究物理之美、科学之美，并用科学之美来指导自己的研究工作。他与同事米尔斯提出的一种具有非常优美且很深奥的对称性的规范场理论——杨-米尔斯规范场理论，就是用美的艺术指导科学研究的典范。李政道在科学研究之余，一直对艺术情有独钟。诺贝尔化学奖得主钱永健也主张科学研究要崇尚美与和谐，具有美的色彩。

（6）敢于创新，勇攀科学高峰。从事科学研究最重要的是创新。杨振宁和李政道推翻了宇称守恒定律，为中国人在世界科技舞台争得了一席之地。丁肇中领导16个国家的500多名科学家探索宇宙中的暗物质和反物质，把科学实验带入了太空，为探索宇宙之谜贡献力量。高锟发明用石英玻璃制造出来的光纤，为人类通信技术作出了贡献，被科学界称为"光纤之父"。这些创新充分体现了华人诺贝尔科学奖得主的创造才能和创新精神。

上述7位华人诺贝尔科学奖得主的治学与科研方法，是他们取得成功的法宝。他们懂得，做任何事情都要讲究方法。方法在治学和科研中具有重要的作用，是攻克科学堡垒的重要工具。

法国科学家贝尔纳说过："良好的方法能使我们更好地发挥运用天赋的才能，而拙劣的方法则可能阻碍才能的发挥。因此，科学中难能可贵的创造性才华，由于方法的拙劣可能被削弱，甚至被扼杀，而良好的方法则会增长、促进这种才华。"可是，我国在培养杰出人才方面却忽视了关于方法的研究与学习。我国现代教育家蔡元培早在80多年前就说过这样一句话，中国没有科学的原因在于没有科学的方法。为什么中国大陆大师级人才至今屈指可数，不得不承认，我国关于学习和科研方法的教育还很落后。

（1）在治学方法方面。我国在应试教育下，孩子刚入小学就面临严峻的学业压力，从早到晚，读书、做题、写作业，课余时间还要参加各种补习班、特长班、加强班，生怕输在起跑线上，天真烂漫的孩子变成了学习的奴隶。由于过重的学业压力，学生对学习阶段的学习生活产生了消极影响，有的学生长大后求知欲减退，想象力受到抑制，创新意识和创新能力没有得到健康发展，缺乏为科学事业献身的远大目标。在学习中，学生习惯于接受老师传授的知识，不习惯置疑，更不善于提问题。在面对问题时，一些大学生宁愿到图书馆里查资料，也不愿意与大家一起讨论，缺乏对学术思想的交流。潜心治学、淡泊名利，历来是古今中外无数成功人士的经验总结，可是在中国的一些高校，甚至在一些重点大学里，出现了教师心情浮躁、不愿坐"冷板凳"的现象。原因是，高校受"官本位"思想的影响，一些教师想方设法去当官，挖空心思争项目，陶醉于权力而忽视研究，无法静下心来潜心治学。他们从事学术，不是为了科学、为了追求真理，而是为了名利、地位、荣誉，为了获得个人利益。一个国家，如果这种治学状态不改变，能出大师吗？

（2）在科研方法方面。没有好奇心的人，不可能去探索事物的奥秘。可是在当代中国，学生考入大学，大都是根据家长或朋友的诱导和社会价值观而选择专业的。而这些专业大部分是经贸、法律和管理等，很少选择自然科学，对自然科学缺乏应有的兴趣。一些科研人员对对未来发展具有促进作用的课题缺乏自信，缺少"十年磨一剑"的精神。他们喜欢"短、平、快"的课题、研究起来较容易的课题，只注意论文、专利的数量，不重视成果的应用。在课题选好后，研究人员各自为政，缺乏进行合作与竞争的团队精神和拼搏精神，"鸡犬之声相闻，老死不相往来"，停留在小科学时代。在进行科学实验时，缺乏一丝不苟、严谨认真的精神，有的随意编造数字，造成了不良的影响。进行科学研究，不但要有本专业的知识，还要有边缘学科和人文科学方面的知识。可是，我国的科研人员大部分缺乏后两个方面的知识，尤其是人文艺术修养方面的知识，从而影响了创新成果的出现。要敢于创新，就必须有勇攀科学高峰的精神。可是，一些科研人员受中国传统的"枪打出头鸟"、"木秀于林，风必摧之"的思想影响，不敢提出新思想、新假设和新发现，缺乏攀登科学高峰中那种百折不挠的精神。如果这种思想发展下去，中国很难出现大师级人才。

中国要培养出大师级人才，笔者认为，首先要进行方法论教育，这对培养大师级人才具有重要的现实意义。科学方法论是科学研究突破的关键，是打开自然奥秘的钥匙，是使广大青年和科技工作者少走弯路、更好地实现人生目标的重要途径。本书的目的就是借鉴这7位华人诺贝尔科学奖得主的治学与研究方法，让广大青年和科技工作者重视方法论的学习，为中国早日出现更多的大师级人才而贡献出一份力量，以实际行动回答"钱学森之问"。笔者相信，在不久的将来，在14亿人口的泱泱大国中，诺贝尔科学奖得主一定会在中国内地涌现！

李凤岐

2014年1月15日于哈尔滨

为什么 他们可以成为大师

CONTENTS
目录/////

前言

第一章 物理奇才：杨振宁 / 001
　一、反对"埋头苦读" / 003
　二、钻对的牛角尖 / 006
　三、热衷"争论"的合作者 / 008
　四、"渗透法"很重要 / 011
　五、科学新发现带来的阵痛 / 014
　六、科学研究也有"风格" / 016
　七、形成"风格"有妙招 / 019
　八、杨振宁的"好高骛远" / 023
　九、漫漫成才路 / 025

第二章 科学巨星：李政道 / 031
　一、好问的硕果 / 033
　二、科研从"基础"谈起 / 036
　三、调好科研指南针 / 038
　四、乐活科研 / 041
　五、只顾"高精尖"行不行 / 043
　六、创新，切勿赶浪头 / 046
　七、当艺术遭遇科学 / 048
　八、"一对一"的培养不能少 / 052
　九、探索无止境 / 054

第三章 探索精英：丁肇中 / 061
　一、兴趣决定"成败" / 063
　二、好问不休，格物致知 / 065

三、挖掘原动力 / 068

四、18 年只做一件事 / 070

五、科研是纸上谈兵吗 / 073

六、真理就是用来怀疑的 / 076

七、选好课题，再谈竞争 / 078

八、科学研究中的"谨小慎微" / 081

九、内行才能领导内行 / 084

第四章 激光先锋：朱棣文 / 89

一、努力，努力，再努力 / 91

二、交流胜过苦思 / 94

三、不要把获奖看得那么重 / 96

四、无好奇，不科研 / 98

五、创新精神不是说说而已 / 100

六、实践是解决问题的必由之路 / 102

七、风险性与前瞻性并存 / 105

八、离不开的竞争与合作 / 107

九、科研需要沃土 / 110

第五章 求知乐人：崔琦 / 117

一、求知乐 / 119

二、非独立思考不可 / 122

三、做学问，请忘了那些诀窍 / 124

四、大智慧，很简单 / 127

五、自信的妙用 / 129

六、远古的驱动力 / 132

七、从实验室的"规矩"学起 / 134

八、全情投入 / 136

九、"成功"不过是身外之物 / 138

第六章 色彩大师：钱永健 / 143
 一、精英家庭育精英 / 145
 二、跟着兴趣学 / 147
 三、成功需要超前思维 / 150
 四、知识融合是大势 / 152
 五、科研并快乐着 / 155
 六、系统方法好在哪里 / 158
 七、色彩美学帮大忙 / 162
 八、合作交流不可少 / 164
 九、跌倒了，就爬起来 / 166

第七章 光纤之父：高锟 / 171
 一、光纤让世界更美妙 / 173
 二、你会"读书"吗 / 175
 三、一生挚爱 / 177
 四、无处不"营销" / 179
 五、坚忍不拔是个必要条件 / 182
 六、科学研究从哪里开始 / 184
 七、为名利？那不是科研 / 186
 八、没有开创性出不了大名堂 / 188
 九、每个人都要终身学习 / 190

后记 / 195

第一章

物理奇才：杨振宁

杨振宁，1922年10月1日出生于中国安徽省合肥县（今合肥市），是20世纪最著名的理论物理学家。杨振宁6岁时随父亲到厦门，后到北平，就读北平崇德中学；1938年考入西南联大，并获物理学硕士学位；1945年赴美国芝加哥大学读书，在导师泰勒的指导下完成了博士论文，获博士学位；1949年到普林斯顿高级研究所从事研究工作，任该所教授；1966年转赴纽约州立大学石溪分校任爱因斯坦讲座教授，创办并主持现代物理研究所，任该所所长；1999年5月由纽约州立大学石溪分校退休。2003年年底，杨振宁由纽约州立大学石溪分校搬回中国北京定居，继续从事教学和研究活动。

杨振宁对理论物理学的贡献范围很广，包括粒子物理学、统计力学和凝聚态物理学等领域。其中，有三项研究成果达到世界级水平：一是他与李政道提出的"弱相互作用中宇称不守恒"，推翻了历来被视做物理学基本定律的"宇称守恒定律"，因而获得了1957年的诺贝尔物理学奖；二是与米尔斯共同提出的"杨-米尔斯规范场理论"，开辟了非阿贝尔规范场的新研究领域；三是提出了"杨-巴克斯特方程"，这一方程是当代物理学中最重要的方程之一，受到了数学家和物理学家的密切关注，并成为最热门的研究题目。杨振宁曾获11项国际大奖：1957年与李政道获诺贝尔物理学奖；1979年获费米奖；1980年获润福德奖；1981年获奥本海默奖；1986年获美国国家科学奖；1992年获莫斯科国立大学奖；1993年获富兰克林奖；1994年获鲍尔奖；1995年获爱因斯坦奖；2000年获教皇学术奖；2001年获费萨尔国王国际科学奖。

杨振宁撰写了大量的科学著作和论文：《三十五年心路》、《读书教学四十年》、《杨振宁文集》（上下）、《基本粒子发展简史》、《曙光集》、《杨振宁文录》、《杨振宁演讲集》、《杨振宁科教文选——论现代科学发展与人才培养》等。

一、反对"埋头苦读"

> 中国的一些古语不足为训,如"十年寒窗"之类就是,要学生苦读。我认为,一个人读书觉得很苦的话,要把学问做得好,要出成果,恐怕是很困难的。十年寒窗,埋头苦读,不是我的形象。我是顺其自然,发展自己的兴趣。
>
> 杨振宁

中国古代一些学者一直主张"十年寒窗"的提法,强调学生苦读,大加赞赏"学海无涯苦作舟"这句话。千百年来,这句话一直在广大青少年中流传。中国古代学者还编写了很多关于"头悬梁"、"锥刺股"的劝学故事,以教导人们发奋读书。在这些思想和言论的影响下,一些青少年产生一种偏见:要想学习必须吃苦,要想钻研必须吃苦,要想攀登科学高峰更要吃苦。总之,以苦为舟,要有吃苦的毅力和勇气。这些思想和言论的广为流传,使人们对学习和钻研科学技术产生了误解,形成了"求学即觅苦"的思维定式。事实上,热爱学习和从事科学研究活动是一件很有意义、很有乐趣的事情。

世界著名物理学家杨振宁就反对"埋头苦读"。他在西南联大读书时,条件是很差的。当时,教室的屋顶是用铁皮做的,窗户是用纸糊的，地面是用土填的。大家都风趣地把这种教室叫做"冬凉夏暖屋"。宿舍是一个放20张双层床的房间，40个人在一起生活，拥挤不堪。吃饭时不仅菜少，饭也不够……那时的学习环境与今天的高等学府比起来，简直是天壤之别。但是，这些学习和生活上的困难没能影响西南联大师生的爱国热情。以杨振宁为代表的广大青年学生，抓紧一切时间学习科学文化知识，决心献身于科学事业，为世界科学的发展作出贡献。

杨振宁在攀登科学高峰的过程中，从未感到学习、研究有什么苦恼，而是感到非常有乐趣。他认为，学习应当用功，但苦学并不意味着成熟。他不喜欢在评价人的学习情况时使用诸如"寒窗"、"苦读"之类的不很恰当的字眼，不赞成让学生去"苦读"。他说，一个献身科学的人，尽管他会碰到这样或那样的问题，遇到这样或那样的挫折，有时甚至被无数难题团团围住而冲杀不出来，左思右想，试来试去，总是碰钉子，这是不是苦极了呢？不是的。一个科学家在从事研究工作的过程中，总有一种东西强烈地吸引着他，使他心驰神往，朝思暮想，孜孜不倦地去探索大自然的奥秘。如果他感到这是"苦"的话，他就不会继续下去了。1986年杨振宁教授在同中国科学技术大学研究生谈话时说道："如果你念得相当苦——中国过去常说苦学，我是不赞成的——就不妨想一想是不是做别的事对你本人和社会都更好些。"他认为，假如一个人读书觉得很苦的话，要把学问做好，作出成果，恐怕是很困难的。他否认自己的成就来自"埋首苦读，终日苦想"。他说："什么叫苦，自己不愿做又因为外界压力非做不可才叫苦。我热爱物理，做物理研究没有苦，而是乐。"杨振宁对基本粒子的发现就是一个典型的例子。他对研究基本粒子倾注了深切的感情，完全给人格化了。他把基本粒子描绘成许多不同的脸："有的圆润丰满，有的秀丽清瘦；有的笑容可掬，有的愁眉苦脸；有的机灵，有的呆笨；有的一脸稚气，有的凝神沉思。"还说他每天都同它们见面，就像老朋友那样熟悉。这种对科学的爱，使杨振宁在科学探索中兴趣盎然，感到无限欣慰。

那么，如何让"苦读"变为"乐读"呢？杨振宁教授根据自己的"乐学"经验，提出以下三点意见。

一是顺其自然。实践证明，一个人如果对某一学科一见倾心，那么其学习无疑会比别人更有趣、更有成效。这种"一见倾心"的实质就是一种爱好。杨振宁十分强调自己对物理学的爱好，并顺其自然地根据自己的实际情况进行选择。赴美之初，杨振宁原计划跟费米学习实验物理，到美国后，由于费米在搞原子弹研究，不便接受一个外国学生，杨振宁只好投到阿里森的门下。杨振宁在20个月的实验研究中，发现自己的"动手能力是不行的"。在实验室里，阿里森对杨振宁开玩笑地说："哪儿有杨，哪儿就会啪啪响。"后来，在泰勒的建议下，经过几天的痛苦思考，杨振宁放弃了实验物理的目标，改做理论物理。杨振宁作了这个决定之后，如释重负，便在理论物理学的研究道路上阔步前进。每当回顾这段往事，杨振宁深有体会地对青年学子说："假如你做一件事情做得很苦，我想也许值得考虑不要做这个东西了，去另外想想别的东西。一个学科的前沿方向是很多的，有许多有生气的方向。最好走向这些有生气的方向。"[1]杨振宁教授正是保持了治学的主动性和"见机而退的能力和勇气"，才能顺其自然地选择了理论物理，成为一名当代著名的理论物理学家。

二是发展兴趣。兴趣是指对某一事物关切的情绪。它是一种无形的动力，促使人们对自己感兴趣的事物给予优先的注意和积极的探索，并表现出心驰神往、持之以恒和表里如一的精神和品质。杨振宁十分重视兴趣在求学及做学问中的作用。他虽然喜欢物理，但无时无刻不在发展自己的兴趣。他的同事，纽约州立大学石溪分校教授聂华桐说，杨振宁的成就是他的个性和才智融为一体的结果。而他的个性之一就是"有广泛的兴趣"，"多方面的兴趣使他随时都在吸收新的东西"。仅以理论物理方面为例，"在统计物理领域，在万有引力理论方面，在强作用与弱作用的理论方面，他都感兴趣，他对纯理论的东西感兴趣，对实验的东西同样也感兴趣"。[2]多方面地吸收知识，这无疑有助于避免学习中的枯燥苦涩，使他始终保持一种乐学状态，不断地向新的高峰攀登。所以，杨振宁深有体会地说，一个人要用功读书，这是对的，可是除了用功之外，还要提倡想办法发展个人的兴趣，有了兴趣，"苦"就不是苦了，而是乐。

三是学以致知。所谓学以致知，就是探究事物的本源，了解和掌握知识体系的整体构造。为什么有些人认为学习是苦事呢？其主要原因就是"抓不住整体的联系，就会纠缠在一个接一个的矛盾之中"。杨振宁在治学过程中，善于洞察所学理论的精美结构，从而比较容易地把握它的精髓及其内部的联系。他认为，数学和物理都有其美和妙的结构，并时常为发现它们的美妙构思和构造叹为观止。这种发现使他的求学十分愉快并极富有成效。他说道，由于理论物理"使用最美最深邃的数学概念"，所以，"对理论物理的追求需要鉴赏力与洞察力，要能总体地了解理论结构"。可以说，杨振宁对物理的深邃理解力、博大精深的数学知识及他把物理和数学融为一体的高超能力，都是在追求对美妙结构的理解中发展起来的。早在大学时期，杨振宁就对物理学产生偏爱。那是因为，他读到狄克逊写的《现代数学理论》一书，其中短短 20 页的一章就能让他领略群论中的美妙和物理学应用的重要意义。杨振宁通过阅读，很快"认识到了群论的无与伦比的美妙和力量"，这对他取得物理成就产生了重要影响。杨振宁的乐学观告诉我们：任何知识体系都有其美的结构，当我们以快乐的心境去发现和学习知识时，学习就会充满无穷的乐趣。

二、钻对的牛角尖

> 牛角尖不是绝对不可钻，但是必须保持主动性，保持见机而退的能力和勇气。
>
> 杨振宁

中国有一则寓言，说有一只老鼠钻到牛角尖里去了。它跑不出来，却还拼命往里钻。牛角对它说："朋友，请退回去，你越往里钻，路越狭了。"老鼠生气地说："哼！我是百折不回的英雄，只有前进，决不后退的！""可是你的路走错了啊！""谢谢你。"老鼠还是坚持自己的意见,"我一生从来就是钻洞过日子的,怎么会错呢?"不久,这位"英雄"便活活地闷死在牛角尖里了。钻牛角尖,就是从这则寓言中来的。它告诉人们,不要去费力研究不值得研究或无法解决的问题。

其实,这个寓言有失偏颇。它只说出了钻错的一面,而没有说出钻对的一面。在当今世界,科学发展是永无止境的,对任何问题的研究,从来都是个渐进的过程,多一分研究,就多一分收获。研究的过程有时候会获得阶段性成功,有时会遇到暂时的"死胡同",但如果坚持钻研和实践,不放弃,不气馁,多方面、多角度探索,就能获得突破性进展,取得更多的创新成果,这样的牛角尖倒是应该钻一下。

诺贝尔物理学奖获得者杨振宁就主张钻这样的牛角尖。他在做研究生的时候,通过研读泡利的关于场论的文章,便产生一个想法:麦克斯韦既然与电荷守恒有密切关系,同位旋守恒为实验所证实,能不能由此而引出另一种规范场呢?他想了一两天,没有结果,就暂时放下了。经过一年的努力,由于种种原因,还是没有结果,杨振宁不得不把这个想法搁置下来。直到1954年,各国物理学家经过努力,已经先后发现了许多新粒子,就是没有一个原则去阐述它们之间的相互作用。杨振宁觉得,是彻底解决他当研究生时那个想法的时候了。于是,他与同一办公室的米尔斯合作,于1954年提出了著名的"杨-米尔斯规范场论"。这个理论已成为20世纪几个最重要的理论物理架构之一。杨振宁通过这件事告诉青年学子:如果你有一个原始的想法,不要轻易放弃,可是不要死钻,还要注意别的事情,把视野放大些。这好比下围棋,如果在一块地方你处于不利地位,就不要老钻在那里,换一个地方去发展一个天地。同时,要锲而不舍,朝着一个目标专心地努力,相信总能作出一番成就的。

但是,钻牛角尖也不是毫无根据地乱钻,它需要以一定的根据为底线。正像杨振宁所说的那样:"牛角尖不是绝对不可钻,但是必须保持主动性,保持见机而退的能力和勇气。"[3]

杨振宁初念博士研究生时,是为了做一名实验物理学家。因为当时中国的实验太薄弱,想要在这方面多学一点,以报效祖国。但是经过20个月的实践证明，他的动手能力明显不足，"做起实验来笨手笨脚的"，并产生一些挫折感。当时，杨振宁本来决意要写一篇实验论文，但发现自己缺乏对"实验直觉的了解"。杨振宁根据自己的实际情况，听从了泰勒导师的劝告，改换了方向，进行理论研究。1986年，他在给中国科学技术大学研究生院的师生们讲学时，谈到了这个转折。他说："我在实验物理方面不如人家，但是在学习理论物理方面因为基础好，读得也比较好。到学校两年之后，我写了两篇理论文章。泰勒教授就找我谈，让我去搞理论研究，把文章作为学位论文。当时，我对老师要我放弃实验物理非常失望。过了两天，我考虑了自己的具体条件，感到自己确实不能做一个很好的实验物理学家，因此思想搞通了，就高高兴兴地请泰勒教授当我的导师，专心从事理论研究。两个月以后，我就得到了博士学位。"如果杨振宁不从实际出发，硬钻牛角尖，不换到理论物理研究领域，他也就不可能有今天这样的成就。多年以后，杨振宁曾幽默地说："这是我今天没有成为一个实验物理学家的道理。有的朋友说这恐怕是实验物理学的幸运。"

杨振宁通过自己的亲身体验，告诫青年学子一定要钻对的牛角尖，也就是说要选好治学方向。2004年，他在山东大学西校区作演讲时，谆谆教导青年学生：所有的大学生在读书时，最重要的决定之一，就是明白你要选什么系、什么专业、什么课题。选择方向时要向前看，而不是向后看，不要因为某些专业讲得天花乱坠你就进去，因为有些专业可能会继续发展，有些都到了强弩之末，一定要选发展前途好的。杨振宁在数十年的科学研究实践中，一直注意挑选那些前人未曾涉足的领域，始终站在世界物理研究的最前沿，不断开拓新的领域，不断研究新的问题。

三、热衷"争论"的合作者

争吵，使许多模糊的问题明朗，明白了许多公式后面的意

> 义，争吵也是一个重要的学习方法。
>
> 杨振宁

争论，是双方或多方对某一个问题各执一端、各抒己见、互相辩论的一种学习方法。通过争论，可以更清晰地理解所学的知识，可以调动大脑中所有的智慧，可以激发你的学习热情，可以增进对对方的了解，最终找到正确的答案。喜欢对学习进行争论的人，大都是对理想有明确的目标，对学习有火热的激情，对问题喜欢刨根问底的人。杨振宁教授就是这样一个人。

杨振宁教授喜欢争论。1942年秋，杨振宁在昆华中学教书时，曾和黄昆、张守谦合住一个房间，他们有时集中到茶馆里，有时在宿舍里，讨论和争辩天下的一切大事。从古代的历史到当代的政治，从大型宏观的文化模式到最近看的电影"等，无所不谈。为了一个细节，经常争论不休。有一次，为弄明白关于量子力学中"测量"的准确含义，杨振宁与黄昆（中国半导体科学创始人，2001年获国家最高科学技术奖）等同学争论了很长时间。有时"关了电灯，上了床以后，辩论仍然没有停止。最后，他们只好又都从床上爬起来，点亮蜡烛，翻出海森伯写的《量子理论的物理原理》一书，将其中关键的几段读来大家听，然后再来辩论，看看到底懂了没有。通过这种争论，他们更深刻地理解了量子物理，并对基本原理更加清晰。

后来，杨振宁在回忆这段学习生活时说："正是这些争论，使我找到了科研的感觉。""事实上我看这是所有的做过研究生的人都有的经验，就是在研究院里头你所学到的东西对于很多的研究生来说，主要不是从老师那儿学的，是从同学那儿学的。因为你跟老师接触到底是时间比较短，而且你不见得能够问得很深，你问了一个问题他回答了以后，你就没有时间或不好意思再问一下。同学之间你可以继续不断地辩论下去，所以所有的，我所知道的研究生都认为他们在彼此身上所学到的比在课堂里头学到的还多。"时隔数十年后，杨振宁对与黄昆等在一起学习和争论，相互砥砺，仍然念念不忘。他说："我一生中最重要的一年，不是在美国做研究，而是当时和黄昆同住一宿舍的时光。"[4] 像这样的争论，杨振宁一生中不知参加了多少次。杨振宁获得博士学位后留在普林斯顿高等学术研究所期间,经常参加系里每周一次的讨论会。参加讨论会的有费米、泰勒、尤里梅尔等著名学者。杨振宁最早的一篇文章就是在这个讨论会上受到启发写成的。一直到晚年,杨振宁始终热衷于争论。在2004年文化高峰论坛上,82岁的杨振宁大胆地在那个场合谈了自己对《易经》的看法。杨振宁认为,《易经》影响了中华文化的思维方式,这个影响是近代科学没有在中国萌芽的重要原因之一。这一大胆的见解,引起了在场专家学者的关注,又掀起了一场新的辩论热潮,使人们对中国的《易经》又产生了新的认识。

现代科学研究讲究优势互补,强调团队效应,注重合作精神。不仅在实验物理学中是如此,在理论物理学中也是如此。杨振宁在理论物理研究方面之所以能取得辉煌的成就,除了自己的才能之外,能密切地与他人合作也是一个重要因素。杨振宁和李政道共同登上诺贝尔奖坛被传为佳话,就是他们亲密合作的结果。杨振宁和李政道从1949年开始合作,到1957年因发现"宇称不守恒定律"而获得诺贝尔物理学奖,前后共计九年时间。在九年时间里,他们在基本粒子物理、统计物理方面都作出了很重要的贡献。杨振宁还与上海复旦大学数学家谷超豪教授等专家合作,进行科学研究长达四年,得到了许多新的发现,取得了许多新的研究成果。杨振宁教授在回忆起这段合作经历时曾经宽慰地说:"在许多合作中,与复旦大学合作是广泛的,规模也是较大的,在我的经验中是最有成效的合作之一。"[5]杨振宁教授不但与同辈的科学家合作,还与他的学生合作。"杨-米尔斯规范场论"就是他与学生米尔斯共同研究的。杨振宁并没有对这位当时正在撰写学位论文的学生摆权威的架子,而是和他"同住一个办公室",经常讨论问题,进行了很好的合作,并取得了辉煌的成就。杨振宁在回忆这段科研经历时说:"在科学研究中,如果没有与别人的合作与交流,只是自己埋头钻研,视野不开阔,在科学研究道路上就难免有局限性,还容易发生偏差。"

杨振宁通过自己的治学实践和科研经验体会到,通过辩论,他对物理学有了更深入的了解、更透彻的认识;通过辩论,他形成了对物理学中某些方面的偏爱;通过辩论,他养成了独立思考的能力。因此，杨振宁寄语当代青年，在学习和研究方面，经常与同学争论，能思路开阔，好处颇多，可以作为重要的学习方法之一。

四、"渗透法"很重要

> 渗透性学习方法，就是在学习的时候，对学习的内容还不太清楚，但就在这不太清楚的过程中，已经一点一滴地学到了许多东西。在还不完全懂的情况下，以体会的方法进行学习，是非常重要的学习方法。
>
> 杨振宁

当我们专心学习某一门课程或潜心钻研一个课题时，如果有意识地把智慧的触角伸向邻近的知识领域，我们的视野、思维和想象力就会出现"柳暗花明又一村"的美好景色。这就是渗透性学习方法给学习者带来的益处。

渗透性学习方法是著名物理学家杨振宁提出来的。杨振宁从中学、大学直到从事科学研究活动，始终没有离开过这种学习方法。可以说，这种学习方法是他走向成功之路的重要因素之一。

什么叫渗透性学习方法呢？杨振宁解释说，就是在学习的时候，对学习的内容还不太清楚，但就在这不太清楚的过程中，已经一点一滴地学到了许多东西。这种在还不完全懂的情况下，以体会的方法进行学习，是非常重要的学习方法。

杨振宁在念中学时，他就注意运用渗透性学习方法进行学习。当时，开明书局出版的《中学生》月刊登载了很多物理知识。杨振宁对这些物理文章很感兴趣，便每期都到图书馆阅读。通过阅读，他接触到了爱因斯坦的相对论和量子力学。当时还是一个中学生的杨振宁，不可能懂得这些深奥的内容，可这已经给他留下了深刻的印象。

杨振宁在读大学高年级时，发现自己的英文不行，看不懂英文小说。因小说一页有十几个生字。如果查字典的话,一页、两页、三页地查下去,查到几十次以后,必然趣味索然,就不想再看下去了。后来有人告诉他,要克服这种困难,就必须硬着头皮不查字典看一本书。杨振宁接受了这个忠告,就找了一本书名为"金银岛"的书看了起来,他前后花了一个星期把书看完。他虽然没看懂书里头的许多细节,但是已经知道了全书的大概内容。然后他又看了第二本——《傲慢与偏见》。他同样用囫囵吞枣的方式去看,但看完后,知道自己的英文水平已经"更上一层楼"了。其原因是,有许多单词虽然第一次看了不完全懂,但看过多次后,就能认识它了,它的含义就比较明白了。学习是一个潜移默化的过程,一定要坚持多看多听,坚持渗透性学习。这样,在自觉不自觉中知识面就拓宽了,阅读、理解和解题等多方面的能力就会逐步提高。

  杨振宁认为,中国传统教育强调按部就班的教育方式,提倡严谨求实的学习态度,这种方法有利于学生积累知识,能打下扎实的根基。但是,这种治学方法也存在很大的缺陷,学生只知念死书,全盘接收学的知识,最终只会走到一个越来越窄的道路上去。更为重要的是,他们在进入研究阶段后,往往缺少探索的意识,在潜意识中总是受到某种限制,无法达成富有想象力的飞跃。美国的教育制度倡导自由式的教育方法,其特点是:"学生常常是在乱七八糟之中把知识学了进去,你只要稍微与他们交谈一下就会发现,许多很优秀的学生,其知识体系中的漏洞是非常多的,而且正确与谬误常常纠缠在一起。"虽然学生在学习的时候对所学的内容往往还不太理解,然而就在这种不太理解的过程中,已经一点一滴地学到了很多东西。这种方法培养出来的学生通常有较强的独立思考能力与创新意识,易于掌握多学科的知识,能在混乱的思维中孕育出真理,并且在从"学习阶段转入研究阶段时,能很快达到科学实验的前沿"。杨振宁认为,两种方法各有所长,并无优劣之分,一方的优势往往是另一方的劣势,反之亦然。但是,对于中国的学生来说,杨振宁教授还是提倡采用渗透性的学习方法。他认为,"这是一种很重要的学习方法。尤其是搞前沿科学的,这是必要的、不可少的学习方法之一"。这种学习方法的好处,"一是可以吸收更多的知识;二是对整个的动态,有所掌握"。这种方法使杨振宁受益匪浅。杨振宁从高二到升入大一，从大一到取得硕士学位，从博士到走入科学研究领域，直至最终取得辉煌成就，与他掌握渗透性学习方法有着直接的关系。

如何掌握渗透性学习方法呢？

一是要围绕所学的课程专业自觉渗透。对于当代的青年学子来说，每个学生都有自己所学的课程和所确定的专业。这就要求青年学子根据自己的实际情况，即自己所学的课程、所学的专业、所选定的目标及所选择的科研课题等情况进行自觉渗透。知识的积累是一个循序渐进的过程，不是一蹴而就的。因此，要掌握更多的知识，就必须自觉地扩展知识，增加知识的深度和宽度。作为青年学子和科研工作者，除了按部就班、扎扎实实地学好所规定的各门课程外，还应该自觉地注意这些学科的发展动向和最新的研究成果，这也是必要的。当然，在学习的过程中不可能一下达到该领域的前沿，但只要渗透，经过不懈的努力，就可以达到"在好像乱七八糟的无序状态之下，就学到了很多东西"的目的，就可以在该领域内有所突破。

二是要对非专业以外的知识进行渗透。当今世界，科学发展的显著特征就是知识的相互融合和相互渗透。作为一个青年学子，要想成为一个适应社会发展、对社会有贡献的人，就必须关注科学技术的发展趋向，不能把自己局限在一个"狭隘的圈子中"，成为一个孤陋寡闻的人，还应该充实和具备一些必要的其他知识。对那些相关专业或专业以外的书籍，如果时间和精力允许，不妨拿来读一读，暂时弄不懂的也没关系，看过几次后会不知不觉地吸收进去。这会使人触类旁通、举一反三。因为一些有价值的启示，往往产生于半通半懂之中。

三是要对有浓厚兴趣的学科进行渗透。学习中往往有这样的情形，在学习各门课程和专业时往往会对某一方面的内容产生极大的兴趣和求知欲，探索不止。例如，杨振宁在西南联大读书时，王竹溪教授关于统计力学方面的演讲给他留下了深刻的印象。从那以后，他在王竹溪教授的带领下进入了这一引人入胜的领域，他用一生中1/3的时间研究统计力学，统计力学一直是杨振宁最感兴趣的物理学分支之一。杨振宁后来在不同场合曾多次提到这段经历。他说，是"王先生把我引进了物理的这一领域，此后，它一直是我感兴趣的一个学科"。

杨振宁教授提倡的渗透学习法，既是他多年治学经验的总结，又是他善于创新的结果；既包含着他本人对学习方法的理解，又凝结着他对科研活动的分析和体会。因此，这是一种很重要的、很有效的学习方法，值得借鉴。

五、科学新发现带来的阵痛

> 只要你有这种力量，有这种精神，敢于冒险，无所畏惧，能深入钻研非常复杂的事物，你就会有重大的科学发现。
>
> 杨振宁

科学研究是一项复杂的脑力劳动。尤其是一项新发现和新发明，它要经过漫长的探索过程，让人很痛苦、很沮丧，这就需要研究者具有顽强的毅力和锲而不舍的科学精神，需要有朝思暮想、魂牵梦萦的迷恋过程，需要经受住挫折和失败的打击，只有这样，才能有朝一日豁然开朗，实现新的突破。

杨振宁与李政道在1956年发现"宇称不守恒定律"就是创新的典型。当时，"宇称守恒定律"已为广大物理学家所接受。杨振宁和李政道在研究中发现，历史上有关验证宇称守恒的实验，都是在强相互作用和电磁相互作用下宇称是守恒的，而在像原子核衰变这样的弱相互作用中宇称是否也守恒，则缺乏相应的实验证明。杨振宁和李政道经过艰苦的研究，终于提出了宇称在弱相互作用中可能不守恒的假说。后来，经过吴健雄等科学家的反复实验，证明宇称在弱相互作用中的确是不守恒的。这个发现过程，就像产妇经过痛苦的阵痛之后生产一样。杨振宁教授还把他和李政道的这项在探索过程中的发现比喻为"黑屋子"。1957年12月11日，杨振宁在诺贝尔奖领奖台上对这一发现过程作了深刻的描述，他说："那时候，物理学家发现他们所处的情况曾被指出就好像一个人在一间黑屋子里摸索出路一样。他知道在某个方向上必定有一个能使他脱离困境的门。然而窘境在哪个方向上呢？"[6]杨振宁和李政道对这项课题进行了多次尝试，但都失败了。1956年4月，美国罗彻斯特大学举行的第六届国际高能物理会议给杨振宁和李政道寻找到走出"黑屋子"的门带来了启示。杨振宁认为，虽然宇称守恒定律在人们的心中根深蒂固，但要想揭开"θ-τ之谜"，不仅需要智慧和毅力，更需要打破陈规和寻求真理的勇气。杨振宁在大会上，以清晰无比、确定不移的语句对宇称守恒定律提出了大胆的质疑。杨振宁的演讲结束后，与会的科学家情绪异常激动。杨振宁演讲中的深刻分析犹如残冬之后的第一缕清风，让科学家们赞叹不已。科学家们兴致盎然地展开了热烈的讨论。

从那以后，杨振宁和李政道便进行频繁的相聚、互访。在那段时间里，两位年轻人苦中有乐，没有早晨，没有黄昏，吃饭只是维持生命的必需，睡眠可以压缩到最低点。他俩找来大量有关宇称守恒定律的实验材料，一个又一个地寻找着有关弱相互作用的实验材料，并且将能收集到的各种理论进行分析，用各种方法进行计算着，一天、两天、三天……一个星期、两个星期、三个星期……最后，材料分析和计算结果显示：1956年以前，实验似乎都与宇称守恒定律吻合，问题出在哪里呢？

科学研究真像一团迷雾，当你拨开迷雾时，眼前必然是晴朗的天空。杨振宁和李政道又回过头来重新审视自己的指导原则：研究宇称不守恒的可能性。恍然发现，虽然所有的实验都准确无误，没有任何差错，但是所有的实验都没有涉及验证宇称守恒的问题。原来，那个方向就是，宇称守恒定律不适用于弱相互作用。为了推翻弱相互作用中宇称守恒定律，杨振宁和李政道在认真详细地考察了这个问题后，提出了弱相互作用中宇称守恒定律的不充分证据，并得出以下结论：①过去做的关于弱相互作用实验实际上与宇称守恒并无关系；②在较强相互作用（即核力、电磁力相互作用）方面，确实有许多实验以高度准确性确定了宇称守恒定律，但准确度仍不足以揭示在弱相互作用方面宇称守恒或不守恒。实践是检验真理的唯一标准。为了验证和揭示在弱相互作用中宇称不守恒的问题，杨振宁和李政道提出了五种实验方案，拟订了详细的大纲，并请来美籍华人著名实验物理学家吴健雄教授来验证这一实验。吴健雄教授的实验小组利用当时最先进的仪器设备检验了这项假说，结果显示，在弱相互作用中宇称是不守恒的。宇称守恒定律在弱相互作用中被推翻，对基本粒子的研究有着重大而深远的意义，它标志着物理学发展的一个新的转折点，它开辟了人类对亚原子复杂性认识的新前景，使基本粒子物理学领域中产生了很多新的重要课题。1957年，瑞典皇家科学院授予杨振宁和李政道该年度的诺贝尔物理学奖。杨振宁和李政道在悠扬的乐曲声中健步登上了诺贝尔奖领奖台，留下了让中国人永远动容的美好时刻！是啊，多少个日日夜夜的苦苦求证，多少次在黑暗中无望地探索，多少次痛苦的阵痛，在这一刻都化为无比的快乐和幸福。

六、科学研究也有"风格"

> 科学是研究自然规律的，自然的结构有其美妙的地方，研究自然的人当然会感受到这种美妙，而不同性格的人也会对这种自然的美妙有不同的偏爱。这种偏爱也就造成不同的科学家各自选择不同的研究项目，而其研究工作也具有各自不同的风格。
>
> 杨振宁

杨振宁教授为什么能取得辉煌的科学成就，成为20世纪著名的理论物理学大师？一些国内外的专家学者在不断地进行探索和研究。这里，仅就杨振宁教授在科学研究中所具有的独特的科学研究风格进行探讨。

对于文学艺术家来说，成熟的有创造性的作家、画家和建筑师等，大都有自己的风格，而科学家是否也有自己独特的风格呢？这个问题过去很少有人涉及。杨振宁教授说："每一个科学家的工作，确实有他自己的风格。也许这个风格在科学家工作里的重要性，并不亚于艺术家、文学家、音乐家的工作里风格的重要性。"[7]杨振宁教授明确提出了科学研究有风格。他还用科学家玻尔兹曼曾经说过的话进行论证:"一位音乐家在听到几个音节后,即能辨认出莫扎特、贝多芬或舒伯特的音乐。同样,一位数学家或物理学家也能在读了数页文字后辨认出柯西、高斯、雅可比、亥姆霍兹或克尔基霍夫的工作。"[8]杨振宁教授还用物理学进行充分论证。他说:"让我们拿物理学来讲吧。物理学的原理有它的结构。这个结构有它的美和妙的地方。而各个物理学工作者,对这个结构的不同的美和妙的地方,有不同的感受。因为大家有不同的感受,所以每位工作者就会发展他自己独特的研究方向和研究方法。也就是说他会形成他自己的风格。"[9]他还具体地指出了狄拉克和海森伯两位著名科学家的不同风格。他指出,英国科学家狄拉克的风格是"秋水文章不染尘",没有任何渣滓,直达深处,直达宇宙的奥秘;而德国著名科学家海森伯的风格则迥然不同,他所有的文章都有一个共同特点,朦胧、不清楚、有渣滓,与狄拉克的风格形成鲜明对比。尽管如此,两人对量子理论的建立都作出过划时代的贡献,都获得了诺贝尔奖。谁说科学家没有个人风格?

作为科学家,尤其是杰出的科学家,他的个性表现与科研风格有着极密切的联系。杨振宁教授的科研风格是他的精神面貌的显现,具体说,就是他的世界观、他对科学研究态度的表现。从杨振宁教授所从事的整个科研工作和取得的辉煌成就看,"深远"是杨振宁教授科学研究的基本风格。这一风格包括三个方面的含义。

正确的研究方向,是杨振宁教授"深远"的科研风格的首要方面。对研究方向,杨振宁教授曾对中国科学院研究生院的研究生们说,有些人之所以取得了成就,"粗浅的道理是有些人走到了正确的方向"。他还说:"走到不正确的方向,你再聪明,你再努力,也是做不出成果来的。你如果走到合适的方向,那么你在其中就可以大有发展;假如你走的方向恰恰是一个年轻的方向,是一个你可以和它一起成长的方向,那么你在这样的事业里做一些工作,自己也可以觉得满足。"[10]从杨振宁教授所选择的研究方向来看,可以给我们有益的启示。在20世纪50年代中期,人们都把宇称守恒定律视为金科玉律。在一次关键性的讨论中,杨振宁和李政道猜测到:宇称守恒定律不适应于弱相互作用。他们决心对这一课题进行研究。经过半年的探索，由杨振宁和李政道合写的论文《弱相互作用中的宇称守恒问题》在美国权威杂志《物理评论》上发表了。在文中，他们提出了宇称并不是在任何情况下都是严格守恒的，弱相互作用中的宇称不守恒只是一个没有得到实验验证的外推假说。假说公开后，赞同者有之，反对者有之，半信半疑者有之。但杨振宁坚信，这个研究方向是正确的。杨振宁与李政道又请来哥伦比亚大学的华人女实验物理学家吴健雄，吴健雄以惊人的勇气和实验技巧证实了杨振宁和李政道提出的假说，从而使杨李二人获得了1957年的诺贝尔物理学奖。从提出问题、探索问题到完成课题研究，到最后获奖，前后不到两年的时间。这说明，方向正确是多么重要！

杨振宁教授"深远"的科研风格的第二个方面，就是善于做一二十年以后才为别人注意的题目。1981年7月，杨振宁教授在与中国科学技术大学的研究生和少年大学生座谈怎样选择自己的专业目标时说："选择的依据是：一、社会的需要和二三十年后科学的发展；二、自己的兴趣；三、自己的才能。"[11]杨振宁教授把社会发展和未来科学发展方向摆在选择课题研究的首位，这是至关重要的。杨振宁教授在一次专访中对青年科技工作者说："对这些人，最最重要的一点，就是他得要选择走到将来有发展的方向。一个人如果走到一个正在蓬勃发展的方向，什么叫蓬勃发展呢？就是在五年、十年之内要大有作为的这种方向。假如一个人走到这个方向了，他将来就可以得心应手，可以事半功倍。反过来假如你走到了一个方向，也许从前是很有名，现在是强弩之末，那么你走进去以后，常常是费了很大的劲，得不出什么结果，这是非常明显的一件事情。"[12]从访谈中，我们清楚地看到了杨振宁教授深远的科研风格。杨振宁教授所取得的两项重大科研成果也说明了这一点。1954年他与米尔斯共同提出的"非阿贝尔规范场"，即"杨-米尔斯规范场理论"，直到20多年以后物理学家们才认识到它的奠基性的价值。1967年他与他的学生巴克斯特提出的"杨-巴克斯特方程"，也几乎在20年以后才被大家认识。并且，这两项工作都会在今后几十年之内继续产生重大影响。

杨振宁教授"深远"的科研风格的第三个方面，就是喜欢新的东西，随时朝新的方向发展。杨振宁教授说："在老领域中有无数聪明人做了大量工作，有什么理由你会比他们做得更好呢？这好比淘金矿，当然以淘新金矿为好。这不是说在老金矿中一定淘不出东西，不过淘出东西的可能性比较小。所以我赞成淘新金矿不赞成淘老金矿。"[13]杨振宁教授始终站在世界物理研究的前沿，不断开拓新的领域，研究新的问题。1987年，全球掀起了一场超导研究的热潮，因为超导具有特殊的魅力，它的秘密一旦被揭开，将会使世界发生一场革命性的变化。在几个月时间内，超导的研究成果不断涌现。有一天，一位中国香港记者采访杨振宁教授时问道："你现在有哪些新的研究计划呢？""我现正埋首研究高温超导。"杨振宁教授非常认真地回答。那位记者又问："你在'规范场'的研究已取得重要成就，为什么不集中精力在这方面发展，以便再夺诺贝尔物理学奖？"杨振宁教授回答："规范场论可以说是我一生中最重要的研究，现在除物理学家外，数学家及广义相对论的研究工作人员也参与这方面的研究，估计人数达到几千人……我早在1954年已着手研究规范场论，到20世纪70年代还做了很多工作，且将之引进中国。但在现阶段，一方面是规范场论的研究已遍地开花，而我看不到一个特别重要的方向；另一方面，又冒出了高温超导的新发现。两者相比，前者是抽象的理论结构，后者则是具体问题，加上我自己对新的东西比较喜欢，故此，目前主力研究高温超导。至于诺贝尔奖的问题，诺贝尔奖是可遇不可求的，更不能强求。"[14]杨振宁教授喜欢做开创性的工作，喜欢走进新领域。这种取舍是否有缺点？杨振宁教授说："当然有，不过天性如此，不能勉强。"这充分体现了杨振宁教授深远的、独特的科研风格。

七、形成"风格"有妙招

在每一个创造性活动的领域里，一个人的好恶，加上他的能力、脾性和机遇,决定了他的风格,而这种风格转过来又决定了他的贡献。

杨振宁

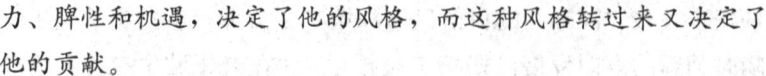

风格,是一个科学家走向成熟的标志。杰出的科学家都具有独特的科学风格。没有科学风格的科学家不能被称为一流的科学家。因此,科学风格的形成对于一位有品位的科学家来说,具有重要的影响。

杨振宁教授的科研风格是由多方面的因素形成的。这些因素体现在杨振宁的科学研究之中,并发挥着重要的作用。

1. 对物理学的偏爱

杨振宁说:"在每一个创造性活动的领域里,一个人的好恶,加上他的能力、脾性和机遇,决定了他的风格,而这种风格转过来又决定了他的贡献。乍听起来,一个人的好恶和风格竟与他对物理学的贡献关系如此密切,也许会令人感到奇怪,因为物理学一般被认为是一门客观地研究物质世界的学问。然而,物理世界具有结构,而一个人对这些结构的洞察力,对这些结构的某些特点的喜爱,对另一些特点的憎恶,正是形成他自己风格的要素。因此,好恶和风格之于科学研究,就像它们对文学、艺术和音乐一样至关重要,这其实并不是稀奇的事情。"[15]杨振宁这段隽永而饱含真知灼见的语言,深刻地阐述了他对物理学的见识、眼界、胆略、鉴赏能力和基本态度。杨振宁对物理学的偏爱基本上是1938~1944年在西南联大当学生时形成的。在当时,西南联大是中国最好的大学之一。那里大师云集,学术氛围浓厚,学习氛围良好。杨振宁为了取得学士学位,跟吴大猷教授写了有关群论和分子光谱的论文,接触了群论在物理学中的应用。这使杨振宁认识到群论无与伦比的美妙和力量,从而激发了他对对称性原理的兴趣。后来,杨振宁又在王竹溪先生指导下写作关于相变的论文,对相变又产生了浓厚的兴趣。1951年以后,杨振宁在统计力学、对称性原理和相变等方面写过很多文章,做过很多科学研究工作。这些成果都是杨振宁在"该大学度过的六年时间里培养起来的"。这说明，一个人喜欢考虑什么问题，喜欢用什么方法来考虑，都是通过训练得出的思维方法，也就是爱憎决定了科学研究风格。

2. 受杰出物理学家的影响

杨振宁教授在西南联大读书的时候，尤其是后来两年读研究生的时候，渐渐能欣赏一些物理学家的研究风格。杨振宁特别佩服的三位物理学家是爱因斯坦、费米和狄拉克。杨振宁对爱因斯坦推崇备至，崇拜得五体投地。他认为，爱因斯坦是20世纪最伟大的物理学家、思想家和哲学家，是与牛顿齐名的物理学史上最伟大的巨人之一。爱因斯坦有深刻的物理洞察力。他有强烈的美感和结构感。杨振宁认为："评论爱因斯坦的工作，也许最好的两个字是'深广'。他做的东西又深又广。"[16] 20世纪20年代，著名建筑师门德尔松设计的爱因斯坦天文台，就是为了纪念广义相对论的诞生。门德尔松最后运用表现主义的手法将建筑形态形成可塑效果，就连窗子的形状也非常奇特，用这种形式表达抽象的科学理论。爱因斯坦本人看完后，用"有机"两个字加以赞誉。而"有机"恰恰是20世纪初最著名的建筑大师赖特和他所代表流派的精华所在。[17]可见，爱因斯坦具有极高的建筑方面的素养。费米是20世纪一位著名的物理学家，是一个既做理论又做实验，而且在两个方面都有突出成就的人。费米独特的科研风格，就是善于抓住物理现象的本质。早在20世纪20年代，人们开始研究量子电动力学时，大家公认狄拉克等杰出科学家为此作出了贡献。可是，他们所写的文章"偏于形式化，所得的结果不具体、不清晰"。经过费米的画龙点睛，这个问题变得非常具体、清楚了。关于费米对杨振宁的影响，杨振宁教授是这样说的："他（费米）认为太多形式化的东西不是不可能出物理，只是出物理的可能性常常很小，因为它有闭门造车的危险。而跟实际接触的物理才是能够长期站得住脚的物理。我后来对物理的价值观念是深深受到了费米的影响的。"[18]杨振宁教授认为，费米是一个"厚实"的物理学家。这是杨振宁教授对费米一个印象式的评论。狄拉克的物理学具有特殊的风格，这是杨振宁教授非常欣赏的。狄拉克的特点是："话不多，而其内涵有简单、直接、原始的逻辑性。"[19]一个关于狄拉克的故事很说明这个问题。一天，狄拉克到一个非常著名的学校去演讲,讲完之后,主持演讲会的人说:"你们有什么问题,可以问狄拉克教授。"这时,一个学生站起来说:"刚才你在黑板上写的那个方程式我不懂。"狄拉克没有回答,于是主持人就问:"狄拉克教授,您可不可以回答这个问题?"狄拉克说:"他并没有提问题,只说了一句话。"这个故事,说明狄拉克逻辑性强,因为听众不懂公式只是一句话,不是问题,所以他不回答。杨振宁教授说:"20世纪的物理学家中,风格最独特的就数狄拉克了。"狄拉克研究物理时,每一步都有他自己的特殊逻辑。虽然他的逻辑跟别人的不一样,但却非常富有吸引力。只要你跟他走一步,总是忽然得出一个意想不到的结果,这就好像是"神来之笔"。

杨振宁教授在评述爱因斯坦、费米和狄拉克时说:"他们三个人的风格是不一样的。可是他们的风格有一个共同点,就是都在非常复杂的物理现象之中提出其精神,然后把这精神通过很简单但深入的想法,用算学方式表示出来。他们的文章是单刀直入,正中要害的。"[20]三位科学家不同的科研方法产生不同的科研风格,不同的科研风格影响了杨振宁教授独特的科研风格的形成和发展。爱因斯坦"深广"的科研风格影响了杨振宁,使他视野开阔;费米"厚实"的科研风格,使杨振宁的科研工作扎扎实实;狄拉克"简洁求美"的科研风格,使杨振宁的科学研究走上了美的轨道,从而形成了杨振宁"深远"的科研风格。

3. 个人的素质

一个科学家的个性是区别于他人、主观方面具有相对稳定性的各种显著特征,它存在于每个研究者的身上,并通过自己所进行的创造性活动表现出来。杨振宁教授从大学一年级到研究生毕业,一直由最好的物理学家施教,一直受到良好的教育熏陶,使他的个人品位、知识结构、思维特点和审美情趣都达到了高层次。然而,正是这些个性特点形成了杨振宁教授独特的科研风格。杨振宁从西南联大毕业时提交的学位论文,涉及群论在物理学中的应用,而他在高中时就接触到了群论。在读高中时,杨振宁从父亲那里接触到了群论的基本知识,也常常被父亲书架上一本关于群论的书中的美丽插图迷住,这对杨振宁后来能够成为理论物理学家产生了巨大的影响。这不正反映了个性发展的巨大作用吗？个性的范畴很广，不仅包括本专业的知识，也包括其他相关知识。杨振宁教授爱好广泛，对中国古典文学、音乐、雕塑等都有广泛的了解，尤其对中国的诗歌更是喜爱。有些诗他不但能背诵出来，而且还能借景抒情，写出美丽的诗句。他认为，学物理的人了解一些诗歌，对自己所从事的物理研究是有帮助的。正因为杨振宁教授对诗歌的喜爱，他能在高度抽象，甚至是枯燥无味的数学物理方程中发现诗意的光辉、音乐的旋律。他评论高深的理论物理学，宛如十指在琴键上行云舒卷，弹奏出一曲高山流水般的清音，实在令人叹为观止。他告诉我们，个人的文化素质决定风格的形成，风格的形成也离不开对物理学的偏爱，离不开大师的影响。

八、杨振宁的"好高骛远"

> 年轻人要有干大事的雄心，但同时要实实在在地做好每一件小事。
>
> 杨振宁

"好高骛远"这个成语，过去一直当做贬义词使用，指那些现实生活中不讲究实际的人，每天做着美好的梦，高唱着自己的理想，却不愿脚踏实地去做好每一件事情，不能用心地给自己打造一个璀璨的未来。这种人在生活中确实大有人在。但也有一部分人，他们在事业中追求高远、目标远大；在工作中从一点一滴做起，朝着自己既定的目标坚定不移地奋斗着。这样的"好高骛远"值得提倡、值得学习、值得发扬。杨振宁，就是这样一位"好高骛远"的人。

杨振宁在中学时代就有远大理想。记得杨振宁在北京崇德中学读书时，有一天，他在图书馆里看到一本《神秘的宇宙》。这本书讲述的是20世纪初世界物理界的三次大革命，很多科学家尤其是一些获得诺贝尔奖的物理学家，发现了许多物理现象，取得了惊人的成绩，为人类社会的发展和进步作出了突出贡献。这本书对杨振宁产生了很大的影响。杨振宁回家后，便对父母说："以后要研究这个领域，而且要得诺贝尔奖。"从那以后，中学时代的杨振宁就立下远大志向，并为这一崇高而伟大的志向努力学习，勤奋钻研，不断地朝这一目标攀登。

从杨振宁12岁提出"要拿诺贝尔奖"到35岁实现理想，经过了23年的时间。23年来，杨振宁时刻为自己的理想而努力奋斗。从高二以优异的成绩考取西南联大，到赴美留学获得芝加哥大学博士学位，每一步都踏踏实实，一步一个脚印地努力前进。他没有躺在幻想的床上胡思乱想，而是在前进的征途上披荆斩棘，为实现自己的目标进行不倦的追求。一次，杨振宁在华中理工大学为全校师生演讲时，针对青年学生在科研中的好高骛远现象谈了自己的看法和观点。他说："年轻人要有干大事的雄心，但同时要实实在在地做好每一件小事。"[21]他忠告大学生，科学研究要有"好高骛远"的雄心，但必须有脚踏实地的干劲。一个人想成就一番大事业，必须要立大志，只有这样，才能有行走的方向。只有敢于"好高骛远"，才有可能攀登上科学技术的高峰，而要真正攀登上去，必须脚踏实地，一步一步走下去。但是，在攀登科学高峰的过程中，必须从小目标做起，从一点一滴做起。当有位博士生问他，读博士后应该先做大题目还是小题目时，杨振宁答道："大题目小题目都可以做，但应该先做小题目。"杨振宁还幽默地说："光做大题目，成功的可能性很小，但得精神病的可能性却很大。"他还说，做了很多的小题目以后有一个好处，那就是从各种不同的题目里头可以吸取不同的经验，有一天你把这些经验积累在一起，常常可以解决一些本来不能解决的问题。也就是说，我们在选择研究课题时，要处理好学习主体现有认知水平与客观要求之间的矛盾，严格遵循渐进性原则，充分考虑到现有的认知水平和研究能力，选择一些切入口小且较易实施的课题。杨振宁的这些忠告，既是他自己对科研经验的总结，又给我们带来深刻的启示：一个人仅有丰富的想象力，有"好高骛远"的雄心，如果没有扎扎实实的脚步，不能从一点一滴做起，那丰富的想象力就成了浮华的梦，永远是一个梦！

中国著名的科学家严济慈教授也说过，做科学研究要"敢于好高骛远，善于实事求是"。他说的"好高骛远"，实际上就是创新，而创新就要"好高骛远"，而要"好高骛远"，必须善于实事求是，这种辩证关系一定要处理好。作为青年学子和青年科技工作者，要像杨振宁、严济慈那样，在攀登科学高峰的征途中既要有远大的理想和抱负，又要有脚踏实地的实干精神，只有这样，才能实现自己的美好理想，才能为祖国的繁荣富强作出贡献，才能不辜负时代赋予的使命！

九、漫漫成才路

> 我为自己的中国血统和背景而感到骄傲，同样，我为能致力于作为人类文明一部分的，源出于西方的现代科学而感到自豪。
>
> ——杨振宁

杨振宁，一位伟大的物理学家，一位登上世界诺贝尔奖坛的科学伟人，一位让中国人骄傲的科学大师，他的漫漫成才路是怎样走的？从他登上瑞典斯德哥尔摩诺贝尔奖领奖台的那一天起，就有人在研究，在探索，在思考。除了前面阐述的几个方面外，似乎还有以下四个方面的原因。

第一，广泛的兴趣与专一的物理学研究。杨振宁从中学时代开始，就喜欢阅读各种各样的书籍，父亲书架上有许多英语和德语的数学书籍，他常翻看，不懂的地方就问父亲，急于弄明白有关问题，父亲总是对他说："慢慢来，不要着急。"他也经常去图书馆看书借书。他对中国古典文学、中国历史、西洋绘画、音乐都很喜爱，并且有很深的领悟，尤其对中国古典诗词有很高的欣赏力，自己也喜欢写中文旧体诗词，且颇有造诣。他的诗词不但语言优美，还常常包含深刻的哲理。他对传记文学也颇有研究，不仅自己亲自撰写，而且还经常发表评论。他还爱好音乐、美术和摄影，甚至对甲骨文的研究也有兴趣。凡是听过杨振宁演讲的人，都为他在演讲中的旁征博引、左右逢源、博古通今而赞叹。一般说来，兴趣广泛，容易泛而不深。可是，杨振宁的非凡之处是多方面的兴趣使他随时都在吸收新的知识和新的思想，同时他又能坐下来对物理学问题进行深入的研究，并作出重要的贡献。杨振宁到西南联大学习时，开始报考的是化学专业，后来由于对物理的热爱而改为物理学，从此，物理学成为他一生的研究学科。他研究物理，既有广度，又有深度；既充满激情，又能脚踏实地；既有胆有识，又注重物理的逻辑性，是一位超凡脱俗、不同凡响的理论物理学家。杨振宁认为，学习物理学不仅要学到一些知识，学到一些技术上面的方法，而且要对它的意义有一些了解，有一些欣赏，形成自己的风格。杨振宁对物理学的研究，主要集中在对称原理和统计力学方面。这是他成才之路的基石。

第二，名师的指引与合理的专业选择。杨振宁在成长过程中，每到关键时刻，都能得到学识渊博的名师的悉心指导和帮助。在西南联大时，杨振宁追随的是当时国内一流的物理学家吴大猷先生和王竹溪先生，从而打下扎实的物理学功底。在美国求学期间，杨振宁又投身于国际著名的物理学大师费米和泰勒教授门下，受益匪浅。杨振宁不止一次地说过，师从这样的老师三生有幸。但是，杨振宁追随这样的名师并非一帆风顺。杨振宁刚到美国时，想找哥伦比亚大学费米教授作为他的导师，可是费米教授当时正在从事绝密的原子弹研究，无人知道费米的去向。后来，他就去寻找普林斯顿大学物理系的维格纳教授，结果又使他失望，因为维格纳教授也在参加绝密的曼哈顿计划。杨振宁遭受了两次打击后，仍不灰心，终于打听到了费米将在芝加哥大学工作的消息。他立即赶赴芝加哥大学注册进修，获得了聆听费米教授讲课的机会。在听课当中，杨振宁多次向费米表达自己的愿望，恳请费米的指点，但当时费米由于工作关系，不能与外国人接触过多，只得把杨振宁推荐给著名物理学家、美国"氢弹之父"泰勒教授。泰勒教授看到杨振宁的长处是在理论物理方面，就指导他从实验物理学中摆脱出来，攻读理论物理学。杨振宁经过认真的思考，接受了泰勒的劝告，改变了研究方向，专攻理论物理。此后，杨振宁在理论物理方面大显身手，不断取得突破性的成果。10年以后，杨振宁就和李政道获得了诺贝尔物理学奖。

第三，批判的思维与坚韧的品质。杨振宁在科学探索中，始终用批判性思维来指导研究工作。所谓批判性思维，就是指在科学探索中，能审慎地运用推理去断定一个断言是否为真。思想决定行动，思维方式的先进与落后，也就决定了一个人科研成就的大小。杨振宁成为一代科学大师，与他具有批判性思维和坚韧的品质是分不开的。在20世纪50年代初，科学家们根据已发现的事实，都认为宇称守恒是一种普遍规律。物理学家们总是陶醉于物质世界的和谐与完美之中。杨振宁运用批判性思维，和李政道一起分析以往的实验材料。他俩认为，以前证实守恒定律的实验是强相互作用下的实验，这是正确的，而在弱相互作用条件中，却缺少实验根据，这说明，在弱相互作用中宇称守恒定律是值得怀疑的。为此，杨振宁和李政道便提出了"在弱相互作用中宇称不守恒"的科学假说，后来得到了实验物理学家吴健雄的证实。从此，彻底改变了人们对对称性的认识，为人类探索微观世界打开了一扇新的大门，使人们对物质结构内层的认识迈进了一大步。这一理论的重大突破，从提出到获奖只有不到两年的时间，表面看来，这个成功似乎来自一闪念，但仔细分析起来，却包含很多因素。杨振宁如果没有批判性思维的指导，这一理论的突破是很难完成的。杨振宁在探索中，除了具备批判性思维的条件外，还具备了比一般人更坚韧的品质和作风。当杨振宁和李政道提出在弱相互作用中宇称不守恒的假说后，立刻遭到了一些物理学家的攻击和反对。一些著名的物理学家，包括诺贝尔奖获得者对杨振宁和李政道提出的假说表示怀疑。著名物理学家佩尔斯对萨拉姆说："我根本不相信在弱相互作用中左右对称性会遭到破坏；我不愿谈这种想法。"泡利认为，弱相互作用中宇称可能不守恒这种想法毫无意义。他还说："我不相信上帝竟然是一个无能的左撇子。"杨振宁不因名人的否定而动摇信心，他以坚韧的品质克服了各种困难，以科学真理回答了许多著名科学家提出的质疑，终于和李政道推翻了在弱相互作用中宇称守恒的定律。这在当时需要多么大的勇气啊！

第四，锲尔不舍与对科学的热爱。纵观杨振宁教授的科学生涯和所取得的辉煌成就，可以说，他一生都在锲而不舍地从事着他所挚爱的事业——物理学研究。现在，杨振宁教授虽已 90 多岁高龄，但他仍然对物理学情有独钟。更令人钦佩的是，已是耄耋之年的杨振宁壮心不已，仍然进行科学研究活动。2011 年 6 月 18 日，89 岁的杨振宁在给南开大学的师生作报告时，讲述了他在冷原子领域最新的研究进展。杨振宁说，这项研究涉及冷原子领域，早在 40 多年前就研究过，但由于缺乏实验技术证实，故中止。近年来，这方面的实验技术有了很大的进步，他于是又回到了这个领域。从 2008 年至今，杨振宁教授在冷原子研究方面已发表了近 10 篇论文，这样的科研成果在年轻学者中也属"高产"。从杨振宁的成长经历和他对科学事业所作出的贡献来看，一个人只有对科学事业毕生追求与热爱，并在成功的大道上不断奔跑，才能脱颖而出，大师级的目标才能实现！

参考文献

[1] 杨振东，杨振斌，杨存泉，等．杨振宁谈读书教学和科学研究．合肥：安徽大学出版社，2011：156.

[2] 丘成桐，刘兆玄．杨振宁——20 世纪一位伟大的物理学家．桂林：广西师范大学出版社，1996：98.

[3] 杨振宁．读书教学四十年．北京：三联书店，1987：97.

[4] 苏国有．杨振宁在昆明的读书生活．昆明：云南人民出版社，2009：123.

[5] 杨振宁．卓有成效的合作//杨振宁．杨振宁文集．上海：华东师范大学出版社，1998：996.

[6] 徐胜蓝，孟冬明．杨振宁．上海：复旦大学出版社，1997：247.

[7] 杨振宁．创造与灵感//杨振宁．杨振宁文录．海口：海南出版社，2002：206.

[8] 杨振宁．美与物理学//杨振宁．杨振宁文集．上海：华东师范大学出版社，1998：841.

[9] 杨振宁．美与物理学//杨振宁．杨振宁文集．上海：华东师范大学出版社，1998：841-842.

[10] 杨振宁．杨振宁谈治学．中国青年，1984（2）：43-44.

[11] 司有和．杨振宁博士谈专业方向的选择//朱源，秦裕芳．科技"神童"

的摇篮．长沙：湖南人民出版社，1988：299．

[12] 王备．物理改变心理——杨振宁教授访谈录．王宝安·中国冲刺诺贝尔．北京：中国经济出版社，2000：73．

[13] 杨振宁．谈谈物理学研究和教学//杨振宁．杨振宁文集．上海：华东师范大学出版社，1998：517．

[14] 欧阳斌．高温超导与中国高科技//杨振宁．杨振宁文集．上海：华东师范大学出版社，1998：631-632．

[15] 吴学东，梁国钊．预约成功——诺贝尔奖获得者的大学生涯．桂林：广西人民出版社，2002：113-114．

[16] 杨振宁．几个物理学家的故事//杨振宁．杨振宁文集．上海：华东师范大学出版社，1998：547．

[17] 郑振飞．读《美与物理学》．中华读书报，1998-08-12．第11版．

[18] 杨振宁．几个物理学家的故事//杨振宁．杨振宁文集．上海：华东师范大学出版社，1998：532．

[19] 杨振宁．美与物理学//杨振宁．杨振宁文集．上海：华东师范大学出版社，1998：842．

[20] 杨振宁．读书教学四十年．香港：三联书店，1985：116．

[21] 蔡早勤．中国大学生会考试——杨振宁博士的忠告．大学生，1995(10)：8．

第二章

科学巨星：李政道

李政道，1926年11月25日出生于中国上海市，祖籍江苏省苏州市，现拥有美国国籍。当代最著名的物理学家之一。李政道1943年毕业于江西联合中学；1944～1946年先后就读于浙江大学、西南联大；1950年获美国芝加哥大学哲学博士学位；1956年任美国哥伦比亚大学教授；1960年任普林斯顿高等研究院教授；1964年任哥伦比亚大学费米讲座教授、哥伦比亚大学"全校讲座教授"；2011年退休。

李政道在物理学研究领域有很多杰出成就，多次荣获各种奖项，至今一直活跃在物理学前沿。李政道教授在弱相互作用研究领域作出了许多具有里程碑意义的工作。其中，具有划时代贡献的就是与杨振宁发现了弱相互作用中宇称不守恒定律，也因此和杨振宁共同获得了1957年诺贝尔物理学奖。他在20世纪60年代又提出了"时间反演不守恒"和"孤粒子的量子化"理论，热心地倡导了"中微子实验"；70年代，他提出了重离子碰撞问题。他的这些创建，在理论和实验上对高能物理、核物理和粒子物理的发展作出了卓越的贡献。李政道荣获多项国际大奖：1957年荣获诺贝尔物理学奖、爱因斯坦奖；1969年、1977年两次荣获法国国立学院布德埃奖章；1979年获伽利略奖章；1986年获意大利共和国最高骑士勋章；1994年获埃·马诺瑞那爱瑞奇科学和平奖；1995年获中国国际科技合作奖；2000年获纽约科学院奖等。

李政道还撰写了大量的科学著作和论文，公开出版的有：《粒子物理和场论引论》、《李政道文选》（全三册）、《对称、不对称和粒子世界》、《李政道文录》、《物理的挑战》、《宇称不守恒发现之争论解谜》、《李政道科学论文选》（上下册）、《李政道粒子物理讲义》等。

一、好问的硕果

> 求学问，需学问；只学答，非学问。
>
> 李政道

好问是治学的主要方法。有成就的科学家、学者和文学家都好问。因为，问是一种智慧。通过问，可以去粗取精，去伪存真，找到规律，从而提高对问题的认识。孔夫子在治学中，就强调"每事问"。爱因斯坦的那三篇划时代的论文就是问了几个前人没有问过的问题，并且自己作了回答，从而奠定了现代物理学的基础。

在当今时代，如何做学问，各类大师名家都有自己的见解、自己的实践，都能从不同的角度回答这个问题。仁者见仁，智者见智。而著名物理学家李政道，回答得更为独特。2006年11月初，他在与苏州大学的学生座谈时谈了自己做学问的主张。李政道说，做学问，一定要先学"问"，自己能提出问题，再经过自己的思考想问题，自己求得答案，这才是一种创造性思维，才能真正掌握学问、增长见识。这是李政道教授一生治学的经验之谈。其实，"问"的过程，就是思考的过程，就是解决问题的过程，就是不断学习的过程。李政道从小就爱问。有一次，李政道的祖父抱着他说起"上帝"的事，李政道好奇地问：你们都说"上帝"，"上帝"在哪儿啊？祖父回答他说："'上帝'在天上呀！"李政道又问："上帝"在天上怎么不掉下来？祖父回答他："上帝"很轻，像空气一样轻，他老跟空气一起，所以他就不掉下来了。尽管祖父这个回答未解开李政道的疑惑，但是李政道知道了一个道理，像空气一样轻的东西是不会掉到地上的。后来，李政道上了学，识了字，总是缠住母亲或哥哥去书店买他爱看的书。看完后，就有提不完的问题要求爸妈和哥哥们解答。上了大学以后，李政道更是成了"好问迷"。一次，西南联大的吴大猷老师让李政道把一本美国大学物理系高年级用的《物理学习题》全都做出来，企图"难倒"他，而李政道不到两个星期就做出来了。吴老师看到李政道做出的习题思路独特、步骤简单，感到很惊讶，便问李政道："你才学了一年的物理，这本书上好多习题要用许多你没有学过的知识来求解，你从哪里学的？"[1]李政道告诉吴老师：我喜欢想问题，脑子里整天装着物理方面的问题，自己不断琢磨。我在做习题、研究问题时，从不去请人教我怎样解题、套用别人的解题方法，总是通过刻苦思考，自己解问求答。

　　李政道之所以取得举世瞩目的成就，就是因为他在治学中不断地问。通过问，他增长了知识，刚上大二，李政道就被吴大猷推荐到美国留学；通过问，他学业突飞猛进，25岁就获得了博士学位；通过问，他科研成就斐然，31岁就与杨振宁获得了诺贝尔物理学奖，成为诺贝尔奖史上最年轻的两个获奖者之一。

　　问，包括提问、想问、解问、答问。提高学问的本领是要努力培养的。如何培养呢？李政道提出三条途径。

　　一是要充分激发自己的好奇心。李政道说：对于一个科学工作者来说，好奇心可以使人们对宇宙万象及变化产生浓厚兴趣，可以吸引人们去发现问题、探究奥秘。李政道还以自己的亲身经历，回忆了产生好奇心所带来的好处。他说，记得1946年，他与朱光亚先生（我国著名核物理学家之一）等同船赴美留学。在船舱里，他手中的一支别针失手掉到地板上，后来又滚到地上的一张纸上，他感到很好奇，就琢磨起来，是什么力量让它从地上滚到稍高的纸片上呢？是舱板移动,还是掉下的自由落体作用力呢?他反复思考,并用学过的微积分和物理学原理去计算那支别针掉落滚动的运行轨迹,测算它的各种力量数据。他琢磨了好几天,还同朱光亚先生一起讨论,最后终于找出了原因。他说:"通过琢磨这个问题,我的数学、物理等知识和解题能力又得到一次锻炼。"

二是要培养丰富的想象力。李政道强调,培养丰富的想象力,对我们想问题、解决问题也是很有帮助的。李政道说:"想象力是思维的'翅膀',可以开阔我们的思想视野,寻找解决问题的多种可能性,再从中分析、比较,就可以帮助我们从纷繁的思绪中逐步理出思想脉络,找到解题的方法。"[2]他强调,要敢于提出前人没有提过的问题,就必须有想象力,否则,将来就做不了第一流的工作。

三是要扩大知识面。李政道说:"一个科学家,假如你只知道自己搞的那一门,对其他事情一概不知,你的思路怎么能打开呢?因为好多东西都是互相联系、互相启发的。"[1]这是因为,现代科学分科越来越细,相互融合的学科越来越多,这是当今和未来发展的必然趋势。李政道说,一个研究工作者只注重学科内的钻研积累是不够的,应该尽可能地拓宽自己的知识面。这样就可以开阔我们的研究视野,发现、提出、研究更多的问题,增加我们思考、分析问题的角度和手段,防止因知识狭隘导致研究工作的困难和片面性。2001年11月,《光明日报》记者夏欣在访问李政道时问:"你感兴趣的学科除了您的本行,还有什么?能否讲讲它们对您有怎样的影响?"李政道回答说:"我感兴趣的东西很多的。除了自然科学的,还有诗歌、小说、历史和各种艺术,我还发现自然规律与文化之间有某种奇妙的联系。尽管自然现象本身并不依赖于科学家的存在,但对自然现象的抽象和总结,是人类共同创造的成果,这也包括艺术家的创造。"[3]例如,对诗歌,他不但喜欢阅读欣赏,还喜欢吟诗表达。1984年5月,李政道回国访问,在甘肃天水名胜古玉泉游览时,看到那陇山连绵逶迤、蔚为壮观,便诗兴勃发,一首《思江南——题甘肃天水古玉泉观》从心底涌出:"古今沧桑变,玉石故乡还;泉水向东流,观陇思江南。"此诗即景生情,表达了李政道虽寄居异国,但思乡之情像渭水一样长流。

二、科研从"基础"谈起

> 无论研究什么领域的问题,重点是要找出那个领域中的关键。有了扎实的基础,就容易抓住各个问题的关键。
>
> 李政道

当下,有些科研人员费尽心机,却总是出不了成果,其主要原因就是在读书时,没有打下扎实的知识基础。科学研究是一项复杂的脑力劳动。从事科学研究的人,只有掌握一定的知识,掌握一定的技能,掌握一定的科研方法,打下扎实的知识基础,才能作出大的成就,才能创造出新的成果。一个人如果知识太少、缺乏技能、方法欠缺,是很难完成科研任务的,更谈不上创新和发明了。一个科学家将来走到什么样的高度,在很大程度上取决于他年轻时打下的基础及终生对基础的重视程度。

李政道认为,一个从事科学研究的人首先要打好基础,对自己的能力要有充分的了解,对他决定从事的科学领域要有明确的认识,弄清什么是重要的,什么是基本的,然后就向他认定的目标发挥自己的能力做工作。1946年,李政道在芝加哥大学读博士研究生时,导师费米先生常常以通俗易懂的实例给李政道讲解,要求李政道和其他学生一定要明白:科学大厦要一块砖一块砖地垒,一层楼一层楼地往上建造,基础不好,万事皆休。李政道领悟到,物理就像万丈高楼要从平地起一样,要想有所创造和发展,就应该爱好广泛、博大精深;要想善于高度概括和综合,就必须重视基础、尊重事实,从最简单处做起。李政道在费米的严格要求下,勤奋学习,打下了扎实的基础。三年后,就获得了博士学位。以后,李政道又涉猎了物理学各个领域,为他攻破宇称守恒定律创造了良好的条件。

1987年5月27日,他在与北京大学物理系研究生交谈时,深有体会地说:"研究生阶段开头两年必须尽力把基础打扎实,如果基础打不扎实,以后很难补救。做物理研究,不可能是顺着一条固定的直线去发展,无论研究什么领域的问题,重点是要找出那个领域中的关键。有了扎实的基础,就容易抓住各个问题的关键"[4]。这是李政道教授从事60多年科学研究的经验之谈。李政道教授之所以成为世界著名的物理学家,成为亚洲最年轻的诺贝尔奖获得者,其主要原因之一,就是他具有扎实的知识基础。他从小就是一个"读书迷",在中学时代,就养成了博览群书的习惯。他对中外历史、古典名著、现当代文学都很感兴趣,甚至连科幻、侦探小说也爱不释手。李政道总是说:"人和猴子的最大区别是,猴子的每一代只能通过细胞来遗传,它们的个体每一代都得从头学起。而人类则可以用文字记载前人的知识,一代一代地积累起来,汇集成书。读书就是掌握前人的知识,这是非常重要的。"[5]

作为一名从事物理研究的科研人员,如何打好基础呢?

首先,要弄清楚物理学的基本概念、基本规律和基本要点。物理学是一门内容极广的学科。它涉及很多基本概念和基本规律,从经典到近代,从宏观到微观,从实物到场等。对于一个从事物理研究的人来说,这些知识必须切切实实地读懂弄清,真正掌握其物理学的理论基础。正像李政道教授所说的那样,"应该把基础打得很好,不要一开始就把自己的知识限制在很窄的范围之内"。[6]只有弄清楚这些物理学的基本原理,才能为雄伟壮观的物理学大厦增光添彩,作出辉煌的成就。

其次,要掌握物理学做实验的技能。李政道教授在1979年访问中国科学技术大学与该校少年班师生和校领导座谈时说:"物理学是一门实验科学,如果你们对物理感兴趣,首先就要对实验感兴趣。"因为"物理学离不开实验,一定要动手,光凭脑子想是不行的"。[7]李政道教授还对师生们讲述了自己在读大学时做实验的情况。他说:我在浙江大学时的条件十分艰苦,物理实验是在破庙里做的,教室和宿舍就在两个会馆里。一下雨,满街泥泞。白天就到茶馆里看书,做习题,泡一杯茶,目的是买个座位,看一天书,茶馆里再闹也不管。后来到西南联大条件也很艰苦,也是坐茶馆读书。这就是说,条件差些，实验设备简陋一些，同样能培养出人才来。

再次，要掌握物理学的研究方法。研究方法是科学突破的关键，是打开物理学奥秘的钥匙，是使青年和科技工作者少走弯路，更好地实现物理人生的重要途径。李政道教授之所以能成为一名当代杰出的物理学家，与他掌握的物理学研究方法是分不开的。有一次，李政道听同事讲弧子理论。听后，他对这一问题产生了兴趣，便找来几乎所有的关于弧子的文献，花了一个星期的时间进行精心的阅读和思考，专门挑这些文献上关于弧子理论的不足和缺点。结果发现，所有这方面的理论都是研究一维空间中的弧子的。而在物理学中，具有广泛意义的是三维空间。这显然是一大缺陷。李政道看准了这一缺陷，研究了几个月，终于找到了一种新的弧子理论，用它来处理三维空间的某些亚原子过程，获得了许多新的科学研究成果。事后，李政道把自己的这种研究方法称为"克弱转换法"。这种方法是针对他人的弱点而进行的一种方法。

另外，打好物理学基础，不但要有本专业的知识，而且还要有边缘学科和人文科学方面的知识。李政道教授不但对物理学情有独钟，功底深厚，也对人文社会科学和其他边缘学科感兴趣。他研究物理，也看专业以外的书籍。他在业余时间，经常看一些科幻小说，历史古籍、古典诗词和绘画艺术之类的作品。他不但研究物理，也喜欢艺术。他认为，科学与艺术是一枚硬币的两面。科学只有与艺术相融合，才能产生新的思维方法，创造出新的理论。一个真正有成就的科学家是离不开艺术的。

三、调好科研指南针

认识方向，必须了解当代科学有哪些大问题还没有解决。基础科学与其他科学不很一样。例如，物理学，它的研究范围很广，可是它的目的是将一切宇宙间形形色色物质的现象归纳为很少的几个基本定律，攻克这几个基本定律就等于攻克整个宇宙的规律，就有可能解释各种宇宙现象。

李政道

指南针是我国春秋战国时期一个叫司南的人发明制造的。它是帮助人类辨别方向的一种指南器具。人类自从有了指南针，便可以在茫茫大海中自由航行，后来指南针又被应用于军事作战、航海、航空和旅游等，用途越来越广泛。

把"指南针"用于科学研究，是因为从事科学研究也要辨别方向。方向不明，科研就不能取得成就。因此，能够调好科研的指南针，也是一切有成就的科学家需要具备的一种本领。

如何让自己的研究方向走在世界的前列？这是一个有作为的科学家必须认真思考的问题。在这方面，诺贝尔物理学奖得主李政道教授有着丰富的经验和独到的见解。李政道说："认识方向，必须了解当代科学有哪些大问题还没有解决。基础科学与其他科学不很一样。例如物理学，它的研究范围很广，可是它的目的是将一切宇宙间形形色色物质的现象归纳为很少的几个基本定律，攻克这几个基本定律就等于攻克整个宇宙间的规律，就有可能解释各种宇宙现象。"[8]这几句话，清楚地阐明了李政道对科研方向的观点。他告诉我们，确定正确而恰当的主攻方向，是整个研究工作中具有战略意义的首要环节。选择的方向正确与否，与以后的科研工作能否顺利进行、科研工作有无成就，都有密切的关系。因此，选准研究方向是有效进行科学研究的前提。

如何选准研究方向？李政道认为，"第一步是要了解有哪些大问题"[9]。他说，寻找科研方向，"首先必须找那些吸引你的东西，让你觉得这就是未来的发展。然后要问：假如答案是这样，会有什么样的结果，假如答案是那样，结果会是怎样。如果问题是基本性质的，不管得到什么样的结果，它都有巨大的影响"[10]。也就是说，看有哪些问题是别人做过的，哪些问题别人没有做过，这些问题目前的状况如何，都得有一个清楚的了解，做到心中有数。李政道教授还说：一项工作很多人去做，达到了高峰，很快就会走下坡路。这个时候就要抓住时机很快地总结，不再去做了。如果再做，就要进行新的工作，这样才能不断前进。这是李政道为科研选题确定的大方向。

至于个人如何根据自己的实际情况进行选题，李政道进一步提出，第二步是考虑要不要做这些大问题……每个人对自己本身的优缺点也必须知道，估计自己的能力多寡，看看哪些路别人走过，而且自己也能走，能走的原因在哪里？这是说，要正确估计自己的实际水平，按照自己的能力来选择课题。李政道在西南联大读书时，虽然对物理学产生了浓厚的兴趣，但究竟是专攻理论物理还是主学实验物理一时难以决断。因为理论物理的科研方法是在已知的实验数据和已发现的物理量之间寻求新的关系，而实验物理的科研方法则是用科学仪器或其他实验手段寻找物理量之间的关系，两者需要迥然不同的思维方式和直觉。李政道开始思考如何选择自己的科研方向。有一天，吴大猷有意带他去找赵忠尧先生（中国核物理先驱之一）商议。那天，李政道见到赵先生在自己动手制作肥皂，几天后又遇到赵先生亲自骑脚踏车去批发推销，这使李政道大为惊诧。李政道在敬佩之余想到，要做一名伟大的实验物理学家，不但要精通本行，还得掌握化学和应用化学知识。50年后，李政道在回忆起这段往事时说："这对我来说太难了，因此我说实验物理恐怕不适合我了。所以，我决心还是朝理论物理方向发展。"[11]李政道当时的这种选择是尊重客观、扬长避短、顺其自然的结果，从而更加激发了他的学习动力。后来的事实证明，李政道当时的选择是明智的。

选准研究方向的第三步，李政道认为，是要在"通过新的实验给予的启示"中寻找。在科学研究中常常出现这样的情况：新事实与已有理论矛盾，这就要求科研人员重新审查已经建立起来的科学理论、提出新的研究课题、开辟新的研究方向。研究的结果，或者纠正了原有理论的错误，或者发展和丰富了已有理论，或者发现新的自然规律。这体现了自然科学发展的相对独立性。这可以从"θ-τ之谜"问题的提出和解决中得到说明。

20世纪50年代初，"θ-τ之谜"出来不久，物理学家李政道和杨振宁就把它选为研究课题。他们破除理论物理学中的传统观念，利用创造性思维，另辟蹊径，采用假说的方法，首先检查宇称守恒定律建立的科学根据。结果发现：在强相互作用方面有实验依据，而在弱相互作用方面却没有实验依据，只有理论上的推测。他们经过深入思考之后，于1956年夏，提出了在弱相互作用中宇称守恒不成立，即在弱相互作用中宇称不守恒的科学猜测。他们不但提出在弱相互作用中宇称不守恒的科学假说，还构思出新型试验可能验证这一科学假说，即提出在低温下使用极强化$^{60}C_o\beta$源试验，以确定这一假说是否成立。他们请来著名实验物理学家吴健雄进行实验。吴健雄通过在低温下做极化，用钴60核的β衰变去进行试验，证实了在弱相互作用中宇称确实不守恒，从而证明李政道和杨振宁提出的在弱相互作用中宇称不守恒的理论是正确的。吴健雄的实验结果于1957年年初发表后，立即轰动了国际物理界，对物理学的发展产生了极深刻的影响。同年，李政道和杨振宁共同获得爱因斯坦奖和诺贝尔物理学奖。李政道在这次科学实验以后，一直从事粒子物理对称性方面的研究，取得了一个又一个科学成就，不断向一个又一个科学高峰攀登。

四、乐活科研

> 一个献身科学、具备科学精神的人，会把科学研究当成呼吸一样，融入日常生活，成为一种基本的方式，这样他就有工作和生活的愉悦，能够感受到自己的奉献和辛劳都是很有意义的。
>
> 李政道

每个人都有自己的生活方式：有的醉生梦死，花天酒地；有的忘我工作，无私奉献；有的无所事事，浑浑噩噩；有的自强不息，锐意进取；有的未老先衰，坐吃山空；有的乐观向上，与时俱进。这些生活方式虽然各有千秋，各具特色，但却有高雅与低俗之分。著名物理学家、诺贝尔物理学奖得主李政道的"生活方式"却是快乐的、高雅的、令人敬佩的，值得青年科技工作者效仿和学习。

李政道教授从1943年起，就开始了"物理生活"。在70多年的物理生涯中，李政道教授坚持细推物理，日月不断，孜孜以求，始终坚持自己所喜爱的物理学研究事业。70多年来，李政道教授在粒子物理、天体物理、流体物理、固体物理、统计力学和多体问题、中微子物理学方面取得享誉世界的成就，是国际公认的物理学大师之一。曾任美国物理学会主席的德雷尔（S. Drell）教授这样说过："综观物理学的各个不同领域，很难找到一处没有留下李政道的足迹，他犀利的物理直观和高超的解答难题的能力，为物理学的发展作出了持久而明确的贡献。"[12]

1957年，31岁的李政道与杨振宁合作提出的弱相互作用中宇称不守恒理论，推翻了过去物理学界奉为金科玉律的宇称宇恒定律，彻底改变了人们对对称性的认识，为人类探索微观世界打开了一扇新的大门，因此共同荣获1957年度诺贝尔物理学奖。单凭这一项荣誉，就足够李政道教授"吃"一辈子了，即便以后什么事都不干，也是大名鼎鼎、名垂青史。但对于李政道来说，一个真正的科学家，他"生命的活力来自物理的挑战"，科学研究对于他来说就像呼吸一样不可缺少。李政道没有为荣誉所累，没有为名声所迷惑，没有被美丽的光环套住，依然"执迷不悟"地沉浸在物理学的美妙世界中。从李政道教授1956年和2006年两份珍贵的手稿照片中可以看出，获奖后的李政道每天仍要"生产"出几十页手稿，密密麻麻，整整齐齐，写的都是他一天中推导出来的公式。在铅笔书写的手稿上，有橡皮擦过的痕迹，有蓝笔、红笔留下的修正和批注。这两张照片，是李政道教授探求物理学奥秘的真实写照。尽管他在物理学各个领域都有建树，尽管他和杨振宁教授一起因发现宇称不守恒理论获得诺贝尔物理学奖，尽管他已进入耄耋之年，但是，他从未减弱对物理学的兴趣，仍跟年轻时一样，没有放慢过在科学道路上前行的脚步。

2010年10月，刚刚回国参加"首届创新中国论坛"的李政道不顾旅途的劳累，还没有来得及休息，就接受了《科学时报》记者的独家采访。84岁的李政道身体仍然硬朗，面色红润，两眼炯炯有神。他与记者谈起了中微子实验，谈起了他正在进行的前沿研究，是那么精神矍铄，那么心驰神往，好像进入梦幻般的世界。

李政道几十年如一日，每天凌晨三四点钟起床，每天工作至少十三四个小时。当一位记者问他,搞科研不觉得苦吗?李政道回答说:"研究工作是一种连续不断的事情,你不能计算早晨和黄昏,一天24小时都是你的工作时间。每天三四点钟起床工作,这对于我来说,已经变成一种生活方式,已经变成下意识的事情,所以我觉得没有什么,不以为奇,更不以为苦。"[13]他还说,做科学工作并不是要牺牲自己,就像呼吸一样,不是苦役、奉献和付出,而是生活的一部分,是一种愉快。假如让人觉得科学研究是苦差事,那就无法持久了。"我一生做科学研究,我都乐在其中。"李政道教授最喜欢的诗句是杜甫的《曲江二首》中的两句:"细推物理须行乐,何用浮名绊此身。"在2006年11月24日,北京人民大会堂举行的"李政道教授从事物理研究六十年学术思想研讨会"上,李政道教授在答谢辞中又步杜甫以上诗句而作:细推物理日复日,疑难得解乐上乐。他解释说:"从事物理研究,以及从事任何事业,都要天天感到快乐,否则无法持之以恒,难有大成。同样当你解决了疑难问题,一定会感到乐上有乐,这是人生的快乐和幸福。"[14]

正因为李政道沉迷于科学,把科研作为生活的一部分,才使他一生成就辉煌,获得了数不清的荣誉和赞扬。他不但获得了诺贝尔物理学奖,还受到世界各国知名人士的高度称赞。周恩来总理曾称赞他"李精于学",美国前总统里根赞扬他的贡献"丰富了我们对宇宙、对物质的基本特点的认识"。美国著名科学传记作家吴贝尔称他为"具有已故天才科学家爱因斯坦所特有的那种能作'超时代'大胆想象的特殊能力"的学者。

最近,一位美国心理学家最新的研究结果指出,快乐是成功之母,并举出了很多实例来加以说明。李政道以自己的实践说明,只有快乐的物理人生,才能取得成功,才能达到科学的巅峰。

五、只顾"高精尖"行不行

作为一个国家或一个民族,要在科技方面对人类有重大贡献，必须重视基础科学研究。

李政道

一个国家的国防和经济建设对科研的需求是多层面的，不但需要高精尖的现代技术，而且也非常注重产生这些高精尖技术的基础研究。因此，在国家重点科研规划项目中，必须贯彻"有所为，有所不为"的方针。这就要求，在事关国家经济、社会重要需求方面有所为，事关提高国家综合实力方面有所为，事关显著提高国家科技发展水平方面有所为；对我国国力所不及的项目不能为，对科研风险较大、耗资甚多的项目不能为，对超大科学工程项目不能为。我国当前还处在发展中国家的水平，还没达到经济高度发达的程度。因此，只顾"高精尖"的现代技术是不行的，必须大力加强基础科学的研究。

李政道教授说："作为一个国家或一个民族，要在科技方面对人类有重大贡献，必须重视基础科学研究。"[15]因为基础科学研究的发展直接影响科技和经济的发展，直接影响教育及各方面文化水平的提高，直接影响人类文明的进步程度，所以，加强基础科学研究具有重要的意义。李政道教授通过回顾100年来基础科学对社会进步的重大贡献，进一步阐述了基础科学对促进社会文明的重要作用。他说："基础科学的重要性，从历史上来看是非常清楚的。仅就20世纪而言，基础科学研究的发展，给整个世纪人类科技文明的发展以巨大的推动，使人类从蒸汽机时代走向了电气化时代，从依靠太阳能时代走向了近代原子能时代，从工业化时代走向了信息化时代。人类文明这样巨大的进步，从源头上讲，应归功于基础科学的发展。"[15]他还说："在21世纪，情形也会一样。带有源头创新特点的基础科学研究，肯定也会给人类文明的发展以极大的推动。"[15]李政道进一步阐明了发展基础科学研究的重要性。

与此同时，李政道为了强调基础科学的重要性，还用很多形象的比喻来说明这个问题。最早，他用人的手足作比喻，说基础科学和应用科学好比人的手和脚，二者不可偏废。之后，又拿粮食和药材作比喻，说明粮食固然重要，但不能让全国人民都去种粮食，而没有人种药材。后来，他找到了更为恰当的比喻，把基础研究、应用研究和科技开发三者的关系，比喻为水、鱼和鱼市场。没有水就没有鱼，也就没有鱼市场。历史和现实告诉我们，只有重视基础科学研究，才能永远保持创新的活力；只有重视基础科学研究，才能走在世界的前列；只有重视基础科学研究，才能进入世界民族之林！

如何重视基础科学研究，李政道教授提出三点意见。一是要借鉴日本和美国的经验。李政道说，日本是很早就重视基础科学研究的国家。日本从20世纪初就重视基础科学研究，当时日本很穷，为了改变落后面貌，成立了"理化学研究所"，"其经费来自皇家、政府和民间组织，集中这三方面经费建立了一个民间科学基金会"。[16] "现在，理论化学所已有40个实验室，研究涉及核物理、固体物理、应用物理、基础工程学、无机化学、有机化学、生物化学、微生物学等学科。"日本的基础、应用和开发科研经费分别占15%、25%、60%。在基础科学研究过程中，日本培养出两名诺贝尔奖获得者，即汤川秀树和朝永振一郎，从而使日本步入了发达国家行列，成为世界科技强国之一。美国重视基础科学研究，是从第二世界大战后开始的。美国的大学和政府直属的研究机构都在做基础科学研究。美国的经费比例也保持在15%、25%、60%。李政道说："中国的国情和美国、日本都不一样。"中国"应该走自己的路，要有中国特色的战略"。二是制订好远期和近期的规划。李政道说："做好本世纪的基础科学研究，制订好远期和近期的规划，是个非常重要的问题。"[17]他指出，现在中国基础研究的力量可以说是不错的，但一定要深入了解什么是当今社会没有解答的基础问题，选择好目标后，就要充满自信地努力去做。李政道还说：西方走的研究道路就是从基础科学入手，抓住重要的切入点，促使它的发展。自然界里的所有现象，虽然表面上都很复杂，可是它都有一些基本的规律，我们把最基本的规律抓住了，就找到了一个总的机关。李政道还指出，只有认清哪个问题是对科学的最大的挑战，找出这个"总机关"，才能使一大批的问题迎刃而解。三是要培养基础科学研究人才。李政道指出，科学的发展没有人才是不行的，这如同汽车，没有司机是开不走的。要发展科学研究就要培养人才，特别是要培养青年人才。李政道认为，基础研究要抓住正确的方向，要在进行基础科学研究中培养人才。更为重要的是，还要在他们年轻的时候，在他们富有创造力的时候，在他们愿意献身基础科学研究的时候，进行认真的培养。这是因为，历史上，许多重大的科技成果都是青年人创造出来的。回顾一下20世纪40年代前科学发展史，就可以清楚地看出，青年科学家在重大科学发现中起到了关键性的作用。1905年，25岁的爱因斯坦提出狭义相对论；1912年，27岁的玻尔从普朗克的量子假说出发，提出了量子论；1927年，25岁的狄拉克提出了狄拉克方程，完成了相对论量子力学的建立；1935年，28岁的汤川秀树创立了介子理论，建立了核力基础理论；1942年，41岁的费米建成了第一个核反应堆，这是世界上第一个可控制的核反应堆。这些科学成就的取得，在很大程度上，青年科学家起了关键性的作用。李政道针对青年科技人才在不同历史时期所起的作用，提出科学的成就出自青年，只有重视对青年科技人才的培养，基础科学才能发展起来，也只有这样，才能使中国科学更进一步发展。

六、创新，切勿赶浪头

科学研究就像海洋里的浪头一样，一个浪、一个浪地过去。当一个浪达到最高峰的时候，其下一步必定要下落，然后新的浪头再出来。结果人家的浪头下去了，又去做别的，你还在跟着别人走，这样，永远不能发展下去、不能发达、不能领先。你要发达，必须自己找到新浪头，看准新的浪头是从哪里开始的，在它还没有达到最高峰时，最好在它刚要开始的时候就将它抓住。

李政道

创新是科学研究的灵魂。它体现了科学研究的真正价值。一项研究如果没有创新，是没有任何意义的，也不算是真正意义的科学研究。所以，正像物理学家李政道教授所说的那样，做科学研究最重要的是创新。没有创新就没有科学。

什么是创新？对于科学研究来说，就是对科学的追求永不满足、永不止步，总是把目光投向新的问题、新的领域；总是追求新的发现、新的理论、新的创造。李政道教授就是一位在科学上不断追求创新的理论物理学家。1981年，李政道教授在一次座谈会上，结合自己几十年研究工作的体会告诫年轻的科学家："一个人做研究工作一定要走自己的路，不必用太多的精力去研究别人已做过的工作，只要了解他在干什么，他的弱点是什么就够了。要针对他人的弱点，去做自己的工作，一旦突破就能前进一步。"[18]他还用生动的比喻讲述了应该怎样去做一项开创性的课题。他说：要完成开创性的研究课题，就像一个人关在黑屋里找门。要找到门，你就得动手去摸，这里摸一摸，那里摸一摸。同时，你的头脑必须是很清醒的，有很强的判断力。摸得不对时，及时离开。摸到苗头，就认定不放。这样，一旦摸到了门，打开它就并不十分困难了。而打开大门之后，必然是山清水秀，一片光明。李政道教授用自己的创新实践总结了进行科学创新的经验，真是见解独到、比喻深刻。

李政道还认为，从事科学研究不但要走自己的路，而且不要赶浪头。2005年10月26日，他在接受《科学时报》记者采访时说："科学研究就像海洋里的浪头一样，一个浪、一个浪地过去。当一个浪达到最高峰的时候，其下一步必定要下落，然后新的浪头再出来。结果人家的浪头下去了，又去做别的，你还在跟着别人走，这样，永远不能发展下去、不能发达、不能领先。你要发达，必须自己找到新浪头，看准新的浪头是从哪里开始的，在它还没有达到最高峰时，最好在它刚要开始的时候就将它抓住。"[19]李政道形象地用前浪和后浪比喻科技发展的态势。李政道教授这一见解对当前科技推动自主创新、对科学研究工作者从事科学研究具有深刻的指导意义。

如何进行科学创新呢？李政道教授提出了三点意见。

一是要抓住机遇。在基础科学研究中，要能敏锐地发现世界科学发展趋势，抓住国家经济社会发展的重大需求，捕捉在科学研究中有重大意义的机遇。如何抓住机遇？李政道教授说，假如你有很好的根基，能够认识重要的问题，能够挑战，也许在一年或一个月内就会有所突破。这就要求我们每个青年科技工作者要了解你的研究的背景知识，了解前人已做过多少工作，尚有哪些问题需要解决。你掌握的理论越深厚扎实，知识越广博，就越能发现机遇，找到研究的起点。与此同时，要以批判的精神，敢于向旧的传统宣战，只有这样，才能抓住机遇，在科学研究中取得突破性的进展。

二是要有预见性。在科学研究中，李政道教授告诫青年学子，不能看到别人处于浪头上，你也一味地跟着去追，这样下去，你永远是跟着人家跑，永远不能领先。你要做到顶尖，就必须看准新的浪头是从哪里开始的，在它还没有达到最高峰时，也就是说，在它刚刚冒头时，就将它紧紧抓住。而要抓住新的浪头，走在科学的前沿，就必须关注科学的发展，想办法参加有关国际会议，参与科技竞争，识别什么是当前的大方向，什么是当前社会经济和科技发展的大问题，什么是当前急需解决的大问题，这些问题搞清楚了，弄明白了，才能进行科学研究，才能抓住新的浪头，才能发现并解决问题。李政道还告诫青年学子"绝对不要做赶时髦的事情。必须建立自己的判断力"。[20]

三是关注细浪头。李政道教授形象地用前浪和后浪来比喻科技发展态势。他说："现在处于蓬勃发展阶段的科学技术，比如半导体等，就像高高涨起的巨浪，虽然很壮观，但浪发展到了顶点必然是随势下跌，对这些已经发展到顶峰的巨浪，我们作为跟随者当然要掌握和了解，但我们要更多地投入和关注那些跟巨浪后面正处于萌芽和兴趣状态的细浪——高新科技。中国人必须在21世纪实实在在地掌握几项别人还无法掌握的高新科技，用敢为人先的勇气，勇立科技潮头，这样才能真正确立科技大国的地位。"[21]李政道还提醒中国年轻的科学家，暗物质和暗能量是21世纪物理学的浪头，希望在这方面有研究能力的博士后迎接这个挑战。

七、当艺术遭遇科学

科学和艺术是不可分割的，就像一枚硬币的两面。它们共同的基础是人类的创造力，它们追求的目标都是真理的普遍性。

李政道

过去一个时期，在一些人的观念中，"科学和艺术是不搭界的"。有的人还强烈地反对将科学真理与艺术表现相提并论。也不知从什么时候开始，艺术与科学逐步远离、对峙，尤其在中国，两者之间几乎河水不犯井水，老死不相往来。在艺术与科学的关系中，这些人的主要观点是，科学强调客观理性，重实证，重逻辑推理，主要靠理智，以抽象思维为主来探索自然界的奥秘；而艺术则强调主观感受，重想象，重美感表述，主要靠激情，以形象思维为主来探索人类感情的奥妙。因此，在常人看来，科学与艺术是风马牛不相及的。[22]

其实，这种观念错了。以中国为例，几百年来为什么中国科学落后于西方，这与中国的艺术落后，影响中国的科学发展有一定的关系。其实，艺术是通向智慧和创造力的有效途径。那些在人类历史上作出贡献的大科学家们，大都具备艺术气质，在推动科学进步的过程中艺术为他们提供不竭的想象力。新中国成立60多年来，为什么还没有本土的科学家获得诺贝尔科学奖？其中在教育方面的主要原因之一，就是缺乏基本的艺术知识和科学技术的融合。学理工的人不仅受到的科学教育不完整，而且艺术修养匮乏；学文科的人不仅受到的人文教育不完整，更缺乏科学素质的培养。[23]

20世纪80年代以来，国人开始对艺术与科学的关系问题进行讨论。李政道基于对华夏民族的深厚感情，对中国传统科学与文化进行了认真的思考与研究，尤其对艺术与科学的关系问题，李政道有着独到的见解。李政道认为："艺术与科学之间不存在多少分歧，而只有密切与否之分。正如世间不是只有一个真理，真理应有其多面性，但我们彼此都朝着真实的方向走就没有错。我们的共同心愿是艺术与科学结合不是一个口号，而是一个事实。"[24]

李政道在科学研究之余，一直对艺术情有独钟。他在长期的艺术研究中发现，艺术，特别是绘画艺术，除了能激发人们的情感，更能表达科学的内容;科学则在追求和表达真理的普遍性的同时,具有深刻的艺术内涵,科学和艺术在一定层面上是相通相连的。李政道说:"科学和艺术是不可分割的,就像一枚硬币的两面。它们共同的基础是人类的创造力,它们追求的目标都是真理的普遍性。"[25]

李政道认为,越是有成就的科学家,越深深地热爱艺术,从艺术宝库中汲取的养分也就越多。艺术是科学创造的亲密伙伴,会将科学引向高处、引向深处、引向远处。他还以科学巨擘爱因斯坦为例进行说明。爱因斯坦具有很高的艺术造诣,他热爱音乐,几乎每天都要拉他心爱的小提琴。特别是他在探索量子假说或相对论的日子里,每当遇到困难时,他就会放下笔,拿起琴。那优美、和谐、悦耳并充满想象力的旋律,能帮助他进行物理学思考,引导他在物理学王国里进行自由、创造性的遐想。李政道还指出,不要过分宣传不食人间烟火的"科学怪人",第一流的科学家是懂生活、懂艺术的。李政道认为:"有时候听听音乐,读一点书,放松一下,想一些别的东西,会开阔思路。科学问题往往有一定的难度,如果用常规的办法直接与其碰撞,很可能解不开,因为用简单机械的老办法别人早就可能成功了;但如果绕开去,从艺术中汲取营养,寻求创新的思路,说不定能得来全不费工夫。"[26]

李政道通过对历史文化的考察提出,科学与艺术始终是交织在一起的。在中华民族的历史长河中,人们利用科学技术发展出艺术成就,或者在艺术中反映出当时的科学进步。后来,随着社会的发展,社会分工日益细化,科学与艺术才逐渐变成了各自独立的文化范畴而相互分割开来。然而,长期以来两者之间的关联并未引起人们的关注,即便是当代的艺术家、诗人乃至哲学家,他们甚至很少去探究古代艺术与科学的关系。李政道经过长时期的思考研究,提出了自己的科学与艺术相融合的构想。第一,科学与艺术的本源是一致的,两者都来源于人类的社会实践,来源于人类的智慧与创新,因而科学的创造和艺术的创造有共同之处。为了说明科学与艺术的相互贯通,李政道通过研读屈原的《天问》进行阐述。李政道发现,《天问》是这位大诗人运用几何学原理,通过精确的推理,以气势磅礴的诗句写就的我国最早的宇宙学论文。屈原以诗的艺术形式，用天像蛋壳、地像蛋黄的比喻手法提出设想：地球是圆的，而且可能是个东西、南北不一样长的扁椭圆球体。直到近代，科学家们才测量出赤道半径为6378公里，比地球的极半径6357公里略长21公里——地球确是一个东西长、南北短的扁椭圆球体。李政道说，这是对几何分析和对称性的绝妙应用，深刻地体现了艺术与科学的统一。第二，科学与艺术有着共同的基础和共同的追求目标。它们都追求真理的普遍性。科学是用创造性的思维和劳动对自然界进行研究和探索，而艺术是用人类的想象，用人类的创新手法唤起人们意识里的情感。这种情感越真挚，表现的艺术就越优秀，反响就越普遍，就越能跨越时空。李政道说："艺术，如诗歌、绘画、音乐等，用创新的手法去唤起每个人的意识或潜意识中深藏着的、已经存在的情感。例如，李白在《把酒问月》中写道：青天有月来几时？我今停杯一问之。人攀明月不可得，月行却与人相随。"[27]这几句诗尽管作于1000多年前，但在人们的心中仍然能够发出强烈的感情共鸣。第三，科学与艺术是人类不同的文化范畴，是紧密结合在一起的，是一个硬币的两面，科学中有艺术，艺术中有科学，它们的结合和交流符合自身的发展需要，符合人类文化发展的规律。在中国几千年辉煌的文明史中，科学和艺术一直是不可分割地联系在一起的。李政道在中国台湾"中央研究院"讲学时，看到了一片甲骨。在甲骨文中，记录了当时发生的一次新星爆发的情况。李政道指出，甲骨文"新大星"中的字右边一撇被刻成了一个箭头，指向一个奇特的方向。李政道解释说，在那个时代，我们的祖先已经能用象形文字对科学发现进行描述和表达，科学和艺术在那里显然是没有界限的，是一致的。第四，科学与艺术结合有利于科学、艺术和整个社会文化的繁荣和发展。因为，科学可以因艺术情感的介入更富有创造性，艺术可以因吸取科学智慧而更加绚丽多彩。[28]

李政道在几十年的科学研究中，始终把科学与艺术融合在一起，他认为这是人类文化发展中颇有价值的事物。1988～1998年10年间，李政道多次邀请国内著名艺术家一起从事科学与艺术相融合的实践活动。他先后与吴作人、李可染、黄胄、华君武、吴冠中、常沙娜等著名画家合作，创作了 20 多幅主题画。这些作品从内容到形式都十分新颖，使人们在欣赏精美画艺的同时，了解前沿科学。

八、"一对一"的培养不能少

> 做基础科学研究必须注重"一对一"的培养。所谓"一对一"，并不是一个老师只能带一个学生，但是老师必须对学生实行面对面的教育。
>
> 李政道

2009 年，我国著名科学家钱学森去世后，"钱学森之问"仍一直在国人心中回荡。为了回答"钱学森之问"，社会各界人士陷入了沉思，并以各种方式寻求答案。李政道也一直在思考这个问题。他在 2011 年"首届创新中国论坛"上为破解"钱学森之问"给出了自己的良方：要培养出精英，就要实行"一对一"的精英教育。他通过梳理钱学森的成长道路，最后得出一个结论：培养创造科学和发明技术的人才需要有像钱学森和他求学时代的老师冯·卡门教授那种"一对一"的精英教育经历。李政道教授还进一步解释说，这个"一对一"，并不是一个老师教一个学生，而是一个老师教两三个学生。他还以加利福尼亚大学和麻省理工学院为例，指出大学生与教授研究人员的比例是平均两三个学生就有一位老师。

李政道认为，培养优秀人才首先要有好的老师。李政道说，20 世纪上半叶那些为物理学作过重大贡献的科学家，大都有相当好的老师，而且大部分能得到"一对一"的指导。比如，20 世纪科学大师辈出的研究机构，无论是丹麦的玻尔研究所，还是普林斯顿大学或芝加哥大学，人才都是以"一对一"的形式训练出来的，这已经成为创新人才培养的一种规律。因为这种培养方法，不仅能激发科技人才的想象力，而且有助于发掘他们对科学问题的理解潜能。

李政道特别主张导师和研究生要有一段时间的密切接触和共同的研究过程。他说：由一个教师来带一个学生，特别是对从事基础科学研究的人才，这个"一对一"的培养过程不能省、不能急。因为科学精神的传播要靠人与人的直接接触来完成。人和人之间是有感情的，这种夹杂了情感因素的传授是别的方式不能替代的。"一对一"的师生传递的微妙之处是其他方式学不来的，也没有一定的模式可以照搬。

有"神童"之称的李政道刚上大学时就受益于这种"一对一"的教育。大一时，他的物理课老师是中国著名物理学家束星北和王淦昌两位教授。束教授每逢周末或每两个星期就专门来一趟贵州永兴，和李政道"一对一"地讨论物理问题，使李政道受益匪浅。每当回忆这段经历，李政道就感慨地说："抗日战争时期，浙江大学和西南联大环境艰苦，物质条件很差，然而这里培养了很多杰出的科学技术创新人才。这段历史值得研究。"[29]

李政道还以自己的亲身实践谈了这种"一对一"培养方法的重要性。在20世纪40年代，李政道在做研究生时，导师费米每周用半天时间跟李政道讨论问题。其目的就是让学生对一切物理的问题都能够自己独立思考，找到答案。有一次，费米问李政道：太阳中间的温度是多少？李政道答：大概是1000万度。费米问：你是怎么知道的？李政道答：是从文献上看来的。费米问：你自己有没有算过？李政道答：没有，这个计算比较复杂。费米告诉李政道：作为一个学者，这样不行，你一定要自己思考和估计，你不能这样接受人家的结论。李政道问：那怎么办？这里面有两个公式，看起来倒也不是最复杂，真要算起来，却并不那么简单。费米说：你能不能想一个其他的方法来计算？李政道说：想什么办法呢？没有大计算器。费米说：我们一块来做一个大的计算器。费米教授当时正在做着很重要的物理实验，跟做计算器一点关系也没有，但是他放下手中的实验，与李政道一起做了计算器。不久，全世界唯一的、专门用来进行大计算的计算器做好了，李政道用自己的计算器，用新的方法计算出了太阳中间的温度。

60年后，李政道在演讲中专门讲到这件事。通过这件事，李政道感悟到：理解就是要做到不盲目地接受他人的结论，应该经过亲自实践得出结论，而且必须想出新的方法来实现。对此，李政道至今念念不忘，他深情地说："费米老师给我树立了以身作则、想尽办法、脚踏实地、克服困难的榜样，启发了我对研究和解决问题的兴趣。这使我一生受益非常深。后来我带学生也是这样，也是每周花半天的时间和他们一起讨论。"[30]

如何进行"一对一"的培养呢？李政道教授根据 20 世纪世界科学精英的成长历程和自己所走过的道路，提出了三点建议。

一是培养科技精英的导师要以身作则、言传身教。李政道教授说，基础研究中很重要的是研究方法，必须是老师"一对一"地带着学生一块儿做研究。这一点非常非常重要。[31]李政道回顾 20 世纪初期，为什么科技精英人才辈出，主要原因是科学家本人既进行研究也做领导，带头搞科研。例如，玻尔领导的丹麦哥本哈根学派，玻恩领导的德国格丁根团队，卢瑟福领导的英国剑桥科研群体，这些小而精的科学研究机构，均有科学大师参与科研工作。

二是导师和研究生要共同研究。翻开诺贝尔奖科技史册，我们会看到，很多导师都有与研究生共同进行科学研究的故事。例如，美国的霍普金斯大学是学习生理学的著名高等学府，该校博士研究生摩尔根在导师马丁的指导下与其共同进行生物科学研究，也因此较早就了解了世界生物学最新的发展动态，于 1933 年获得诺贝尔生理学或医学奖。

三是要引导学生认识科研方向。这就要求导师和学生要进行密切接触，也就是说，每周都有"一对一"的讨论时间。李政道以自己的切身体会说："我在芝加哥大学物理系攻读博士学位期间，我的导师费米教授每周至少用半天时间和我进行'一对一'的讨论，从天体、粒子、核子、分子、原子，至固体、流体、气体……凡属基础性的重要问题，无一不深入分析讨论，使我终身受益。"[32]他认为，这种教学风格也是芝加哥大学培养出众多诺贝尔奖得主的原因之一。

九、探索无止境

我们在寻求知识的过程中，可能作出迅速的发展，但是我们必须记住，即使我们翻筋斗到如来佛的手指根上，但我们离绝对真理还远着呢！

李政道

第二章 科学巨星：李政道

"老骥伏枥，志在千里；烈士暮年，壮心不已。"每当读起曹操的这一诗句，谁能不被富有人生哲理的诗情感动呢？曹操在《龟虽寿》中，抒发了他老当益壮、积极进取的豪情壮志。曹操写这首诗的时候，正是建安十二年，消灭袁绍的残余势力、凯旋而归的时候。当时他已是53岁的年纪，照古人的说法，人"五十始衰"。追古思今，当代87岁高龄的物理学家李政道却生命不息，工作不止，永远"伏枥"。他"志"不在千里，他的雄心无垠！

李政道80华诞之际，中国科学院等有关单位于2006年11月24日在北京人民大会堂举行了"李政道教授从事物理研究六十年学术思想研讨会"。与会的主要领导和专家学者从各个方面高度评价了李政道，他六十年如一日、孜孜不倦、潜心研究物理，取得了举世皆知的成就。时任中国科学院常务副院长、中国科学院院士白春礼说："李政道先生是位深受世人敬仰的著名科学家，长期从事物理学方面的研究。六十年来，在量子场论，基本粒子理论、核物理、统计力学、流体力学、天体物理等著名领域，作出了许多开创性和具有里程碑意义的杰出工作。"[33]

1957年，31岁的李政道与杨振宁一起获得了诺贝尔物理学奖。李政道是那时历史上第二位年轻的诺贝尔奖获得者。按庸人之见，李政道荣获这一世界性的科学大奖，即便以后什么都不干，也是大名鼎鼎的人物。可是，一棵离离寸草怎能看到高山的伟大；一只井底之蛙怎能看到外面的美丽世界。对于一个真正的科学家来说，与时俱进，才是永恒的追求目标。获奖后的李政道没有被美丽的光环迷惑，没有被悦耳的赞美声倾倒，没有被雪片式的邀请遮住视线，而是锐意进取，忘我工作，继续从事自己喜爱的物理学研究。他认为名利淡如水，事业重如山，用自己的才华继续为物理学的大厦增辉，为科学事业增光，为祖国的科学发展增力！

李政道虽然已是举世闻名的物理学家，对基本粒子物理学的研究作出了巨大的贡献,但他并不认为自己已经站到了科学的顶峰。他认为,人类对自然规律的认识是无止境的,物理学家所从事的研究活动,像大海一样浩瀚无边,一个人即便在研究工作中取得伟大的成果,也没有理由满足。1957年,他与杨振宁共同获得诺贝尔物理学奖后,他在给导师吴大猷的信中说:"一方面当然觉得这是一种光荣;可是一方面深深感觉自己之学识有限,希望将来能继续努力。"[34]后来,他在代表诺贝尔奖获得者致辞时在这方面又做过极其深刻的阐述。他说:"用我们有限的人类智慧去认识无限的宇宙奥秘是一个永不终止的过程。"[35]他还讲述了一段《西游记》中孙悟空在如来佛手掌翻跟头的故事。他说:"孙悟空尽管一个筋斗能翻十万八千里,但是他翻来翻去,还是没有翻出如来佛的掌心。我们在寻求知识的过程中,可能作出迅速的发展,但是我们必须记住,即使我们翻筋斗到如来佛的手指根上,但我们离绝对的真理还远着呢!"[35]在李政道看来,自己虽然在物理方面作出"一些进展",但在人类漫长的认识自然界的历史过程中,那只不过是"迈出了一步"。他认为:"一个科学家能为人类认识大自然尽一点力量,这是最令人欣慰的事情。"[36]

李政道没有陶醉于已取得的成就,他仍然继续攀登科学高峰,不断探求新的奥秘。1957年,他从瑞典斯德哥尔摩领奖回来之后,继续深入进行基本粒子物理的研究。20世纪50年代末,李政道和杨振宁对量子统计力学进行了新的开发。他们和黄克孙研究了玻色硬球系统的统计。同时,他们建立了统计物理中多体问题的通用理论框架。20世纪60年代,他提出了"时间反演不守恒"和"孤粒子的量子化"理论,引起了物理界的注目;以后,李政道与诺泊格(M. Nauenberg)合作,对零质量粒子理论的发散作了进一步分析,并引入了一套解决该问题的系统方法,有关结论被称做KLN定理。20世纪70年代,李政道与威克一起开始研究自发破缺的真空是否可能在一定条件下恢复破缺对称性。他们发现,在重离子碰撞中,在原子核大小的尺度上可以局部恢复对称性,而且可以造成可观测的效果。而相对论重离子碰撞领域是由李政道创造的。20世纪80年代,李政道和克里斯特(N. H. Christ)、费雷德伯格(R. Friedberg)提出随机格点的理论。以后,李政道创立了孤子星研究领域。他和费雷德伯格、庞阳详细研究了孤子星的特有性质，发现它们可以有各种大小质量。20世纪90年代，他又提出了"时间是一个分立参数"和"格子场论"，以后，又提出了玻色子-费米子超导模型，该模型结合了玻色-爱因斯坦凝聚和BCS理论，并对该理论的实验观测作了预言。进入21世纪，他开始研究宇宙的暗物质和暗能量问题。他认为，"了解暗物质和暗能量是21世纪科学史的大挑战"。[37]所有这些创见对高能物理的发展都有重要意义。

李政道在科学探索的道路上没有停步，他年复一年地在理论物理研究和推动实验物理方面取得了一项又一项新的成就。正像李政道所说的那样，科学家最重要的素质就是科学精神，即永不停息的探索精神。

参考文献

[1] 施宝华. 李政道八十论治学. 科学时报，2007-01-09，第A4版.

[2] 李政道. 李政道谈治学. 中国青年，1982，(10)：9.

[3] 夏欣. 教育中国——50名流素质教育访谈. 北京：光明日报出版社，2002：32.

[4] 李政道. 和研究生的对话. 瞭望，1987，(24)：39.

[5] 岳梁，李政道. 郑州：大象出版社，2001：16.

[6] 李政道. 物理学及其它. 自然辩证法通讯，1979，(4)：1.

[7] 李政道. 希望同学们早日成才. 人民教育，1980，(1)：1.

[8] 李政道. "一对一"培养顶尖基础研究人才//中国高等科学技术中心. 李政道文选（科学与人文）. 上海：上海科学技术出版社，2008：202.

[9] 吕国庆. 李政道的科研方法. 方法，1993，(1)：46.

[10] 史密斯，李政道. 李政道访谈录. 科学，2011，(6)：21-30.

[11] 科埔. 难忘的中国物理年. 现代物理知识，1992，(5)：8.

[12] 李真真. 攻错：诺贝尔华裔科学家在美英学到了什么. 北京：中国青年出版社，2011：49.

[13] 魏洪钟. 细推物理须行乐. 上海：上海科技教育出版社，2002：2.

[14] 李政道. 物理的人生//中国高等科学技术中心. 李政道教授八十华诞文集. 上海：上海科学技术出版社，2009：122.

[15] 郑千里，王丹红. 借鉴科技历史把握创新机遇——诺贝尔奖得主李政道先生谈新世纪基础研究. 科学时报，2005-11-07，第A4版.

[16] 李政道.水—鱼—鱼市场——关于基础、应用、开发三类研究的若干资料和思考.科学,1997,(6):3.

[17] 科埔.难忘的中国物理年.现代物理知识,1992,(5):8.

[18] 严生园.科学家的可贵品德——记李政道教授在京作重要学术报告.光明日报,1981-12-25,第2版.

[19] 郑千里,王丹红.借鉴科技历史把握创新机遇——诺贝尔得主李政道先生谈新世纪基础研究.科学时报,2005-11-07,第A4版.

[20] 李政道.和研究生对话.瞭望,1987,(24):39.

[21] 魏洪钟.细推物理须行乐——李政道的科学风采.上海:上海科技教育出版社,2002:229.

[22] 方正怡,方鸿辉.科学与艺术的会合——李政道的艺术情.自然杂志,2006,(6):367.

[23] 侯纯明.艺术与科学.北京:中国石化出版社,2007:228.

[24] 李政道.艺术与科学.科学,1997,(1):1.

[25] 李政道.艺术与科学//中国高等科学技术中心.李政道文选(科学与人文).上海:上海科学技术出版社,2008:313.

[26] 姚诗煌,王勇.携手追求真理普遍性——李政道教授谈科学与艺术.文汇报,2000-11-04,第10版.

[27] 李政道.科学与艺术.自然杂志,1997,(1):1-5.

[28] 李政道.物理的挑战.中央电视台《百家讲坛》栏目组.物理的挑战.北京:中国人民大学出版社,2006:34.

[29] 杨守廉.李政道:培养精英就要"一对一"的精英教育.国际人才交流,2010,(12):43.

[30] 郑千里,王丹红.基础科学研究要重视人才培养.经济日报,2006-03-25,第4版.

[31] 齐方.最顶尖人才需要导师"一对一"培养.光明日报,2006-09-06,第2版.

[32] 李政道."一对一"培养顶尖基础研究人才//中国高等科学技术中心.李政道文选(科学与人文).上海:上海科学技术出版社,2008:198-199.

[33] 白春礼.李政道教授从事物理研究六十年学术思想研讨会主持词//中国高等科学技术中心.李政道教授八十华诞文集.上海:上海科学技术出版社,2009:19.

[34] 李政道.致吴大猷先生//李政道.李政道文录.杭州:浙江文艺出版社,1999:219.

[35] 蒋东明. 李政道传（第2版）. 长春：长春出版社，2003：150，126.

[36] 于民生，余志恒. "李精于学"——访荣获诺贝尔奖的李政道. 崔世笼. 世界名人采访记. 北京：新华出版社，1999：129-130.

[37] 吕林荫，陈俊珺. 激情李政道. 新华文摘，2006，(1)：101.

第三章

探索精英：丁肇中

丁肇中，1936年1月27日生于美国密歇根州安阿伯，祖籍中国山东日照。世界著名的实验物理学家。丁肇中出生三个月后就随父母回到中国，小学时期是在中国战乱中度过的。1949年冬，丁肇中随全家辗转至中国台湾，1956年只身赴美国密歇根大学学习。1959年获物理与数学双学士学位，1960年获物理学硕士学位，1962年获物理学哲学博士学位。1963年以福特基金研究生的身份到瑞士日内瓦欧洲核子研究中心从事高能物理实验工作。1964~1967年，在美国哥伦比亚大学担任物理学讲师和助理教授。1967年起任麻省理工学院物理系教授。1977年当选为美国科学院院士，1994年当选为中国科学院外籍院士。

丁肇中在科学上的主要贡献是在高能实验粒子物理学方面。1965年，他通过实验，用大量的确凿数据，指出了一些权威专家对量子动力学的错误看法，捍卫了量子动力学的权威地位。1974年，他发现了一个质量比质子重3倍的新粒子，取名为"J粒子"，从而大大推动了粒子物理学的发展，并获得了1976年的诺贝尔物理学奖。1979年，他领导的高能物理实验小组找到了胶子存在的实验数据，使人们对基本粒子的认识又向前迈进了一大步。从1998年开始，由他领导的国际合作组织，包括中国科学家在内的500多名科研人员共同完成了"阿尔法磁谱仪（AMS-02）"的太空粒子探测器，在美国肯尼迪航天发射中心由"发现号"航天飞机送入太空，寻找宇宙中的反物质和暗物质，以探索天体物理、粒子物理和宇宙论的重大疑难问题。

丁肇中的主要科学著作如下：《量子电动力学中的类时动量》、《矢性介子的轻子衰变》、《小距离电动力学，矢性介子的轻子衰变和矢性介子的光生作用》、《光生现象的总结和矢介子的轻子衰变》、《J粒子的发现：个人的回忆》等。

第三章 探索精英：丁肇中

一、兴趣决定"成败"

> 要从事科学研究，首先要建立科学兴趣。研究自然科学最重要的一条就是研究者对研究对象有兴趣。兴趣是最大的动力。有了兴趣，觉得我非做这件事情不可，认定这是自己一辈子最重要的事，为了做好这件事，其余的东西都可以放在次要的位置。唯有如此，做科学技术研究才会有所成就。
>
> 丁肇中

"兴趣"一词，是指对某一事物的喜好或关切的情绪。它是一种无形的动力，促使人们对自己感兴趣的事物给予优先的注意和积极探索，并表现出一种坚定执著的性格和锲而不舍的精神。兴趣分为两种：一种是生活兴趣，它是指对生活的热爱，如喜欢花草、爱好钓鱼和讲究穿戴等；另一种是精神兴趣，它是指人们对学习的热爱，对科学的探求，对文学艺术的爱好等。显然，前一种兴趣是一般兴趣，后一种兴趣则属于高雅兴趣，它高于一般兴趣。有成就的科学家、艺术家和文学家，以及著名杰出人才往往具有高雅兴趣，它是走向事业成功的开始。

丁肇中的兴趣，就属于高雅兴趣。

丁肇中出生在一个知识分子家庭。父亲丁观海是工程力学教授，母亲王隽英是心理学教授。丁肇中从儿时起，父母就对他进行启蒙教育，不断激发他的兴趣。丁肇中上中学后，学习的兴趣日益浓厚，决心"探求自然的奥秘"。他读起书来，总是全神贯注，连外边的雷声都听不见，深受老师和同学的赞扬。那时丁肇中最感兴趣的学科是物理和中国历史。上了大学，由于兴趣驱使，丁肇中由工程系转入物理系。他除了学习学校规定的教科书外，还阅读了大量的物理学家撰写的著作及他们的传记，并系统地研究了近代物理学的发展脉络和未来物理学的发展前景，对物理学情有独钟。

丁肇中获得物理学博士学位以后，开始从事实验物理研究。在一般人看来，科学探索是一项艰苦的工作，尤其是科学实验，需要耐住寂寞，有时需要数月、数年和数十年的时间才能获得成功。而丁肇中认为："假如你不能视科学为生命中最重要的事情，千万不要加入科学研究的行列，免得招致痛苦。"[1] "要从事科学研究，首先要建立科学兴趣。研究自然科学最重要的一条就是研究者对研究对象有兴趣。兴趣是最大的动力。有了兴趣，觉得我非做这件事情不可，认定这是自己一辈子最重要的事，为了做好这件事，其余的东西都可以放在次要的位置。唯有如此，做科学技术研究才会有所成就。"[2] 丁肇中选择实验物理作为他一生的研究方向，是他对实验物理产生兴趣后才作出的抉择。丁肇中在高中时，就喜欢读著名物理学家的传记，爱因斯坦、居里夫人、伽利略、法拉第等人的传记他都认真阅读过。尤其是法拉第的传记，他不仅认真阅读，而且还写过读书笔记。他写道："法拉第很喜欢做实验，他的零花钱几乎全省下来购买实验用品。钱不够就想其他办法，有时候连饭桌上的食盐也被他拿去做实验了。今后，我也要像法拉第一样，尊重事实，不迷信权威。"[3] 丁肇中读研究生时，在实验室实习期间，接触了一些实验物理学家，如佩尔和乌伦贝克教授。这两位著名的实验物理学家对丁肇中从事实验物理都产生了深刻的影响。佩尔开门见山地对他说："依我看，像你这样的学生，如果搞实验物理，要获得博士学位，一定是不成问题的。"[4] 乌伦贝克则委婉地说："如果我能从头干起，我就做实验，因为一名普通的实验员很有用，而一名普通物理学家却一点用也没有。在理论物理学的领域内，只有极少数理论物理学家是重要的，但是，在做实验时，不论你做点什么，都是必不可少的。"[5] 从那以后，丁肇中便对实验物理产生了浓厚的兴趣。丁肇中从开始实验量子电动力学到探索宇宙中的反物质和暗物质,都是兴趣使然。丁肇中开始从事科学实验时,他发现,量子电动力学被一些权威的物理学家否认,便怀着极大的兴趣,要亲自做实验,以验证量子电动力学理论的正确性。当时,做这项实验困难是很大的:一是需要大量的资金;二是需要高技术的电子仪器设备;三是这项实验在短期内是无法完成的。当时,丁肇中既没有资金的支持,又没有使用过这种仪器进行实验,并且还有权威人士的阻挠和打击,但丁肇中克服了各种困难,顶住各种权威人士的压力,决心对量子电动力学进行实验。他来到他曾留过学的德国,经过再三说明,取得了联邦德国电子加速器研究中心有关人士的支持。丁肇中经过八个月的紧张努力,终于验证了量子电动力学的正确性,维护了量子电动力学的权威。后来,丁肇中在总结这项实验的经验时说:"因为我有兴趣,我可以两天两夜,甚至三天三夜待在实验室里,守在仪器旁。我急切希望发现我要探索的东西。"[6] 他还说,我从早上 7 时 30 分踏进实验室,到晚上 11 时走出实验室,没有圣诞节,没有星期天,这是出自我对科学的兴趣。当有人问他:"你不觉得苦吗?"丁肇中笑着说:"噢,不,不,不,一点也不,没有任何人强迫我这样做。正相反,我觉得很快活。因为我有兴趣,我急于要探索物质世界的秘密。"[7] 可见,丁肇中对实验物理已达到了痴迷的地步。

二、好问不休,格物致知

> 我和一般沉默寡言的中国学生不同,喜欢发问,有一点疑问总要追根究底。
> 希望我们这一代对于格物和致知有新的认识和实用,使得实验精神真正地变成中国文化的一部分。
>
> 丁肇中

丁肇中从中学读书时,就喜欢发问,爱提各种问题。在学习中,凡是在课本上、作业里和实验中遇到的疑难问题,他绝不轻易放过去。丁肇中从初中到高中,每年的学习成绩都是优良。到高中毕业时,他的理科成绩几乎都是满分,成为学生中的佼佼者。丁肇中的父亲在一次接受采访时,也说明了这一点。当记者问到:"丁肇中读书的时候,有什么与众不同的地方?"丁观海回答说:"那倒没有,如果有一点特殊的话,可能就是比较调皮吧!他也是很容易让老师头痛的提问题的学生。不过,书倒念得不错,有很旺盛的企图心。"[8]

丁肇中进入美国密歇根大学学习时,更爱提问,他提的问题越来越奇特,越来越让教授们大伤脑筋。他在回忆这段学习生活时幽默地说:"就读密歇根大学研究所时,我和一般沉默寡言的中国学生不同,很喜欢发问,一点点疑问总要追根究底,大约很令教授们头疼,所以我离开密歇根大学时,竟让密歇根大学的教授们有松了一口气的感觉。"[9]

丁肇中在治学中不但爱提问题,而且还讲究格物致知。"格物致知"一词出自中国古代著名儒家典籍《四书》。该词源自《礼记·大学》中"致知在格物,物格而后知至",后人简称为"格物致知",意思是,穷究事物的原理而获得知识。丁肇中从自己所从事实验物理的切身体会出发,对格物致知的科学内涵进行了精彩的阐述。他认为,格物致知,"就是通过探察物体而得到知识","通过实地实验而得到,不是由自我检讨或哲理的清淡就可以求到的"。[10]丁肇中指出:"真正格物致知的精神,不但在研究学术中不可缺少,而且在应付今天的世界环境中也是不可少的。在今天一般的教育里,我们需要培养实验的精神。"[11]丁肇中从理论物理转到实验物理,就是因为实验精神影响了他。他从实验量子电动力学开始,到寻找"J粒子",寻找胶子,探寻宇宙的奥秘,都是通过实验进行研究的,因此,实验精神是他治学成功的奥秘之一。

丁肇中不但自己热爱并献身于实验科学,而且一再呼吁人们重视实验科学。他在1976年诺贝尔物理学奖获奖演说中语重心长地说道:"我是在旧中国长大的,因此想借这个机会向在发展中国家的青年们强调实验工作的重要性。中国有一句古话:'劳心者治人,劳力者治于人。'这种落后的思想,对在发展中国家的青年们有很大害处。由于这种思想,很多在发展中国家的学生们都倾向于理论的研究,而避免实验工作。事实上，自然科学理论不能离开实验的基础，特别是物理学，它是从实验中产生的。我希望由我这次得奖，能够唤起在发展中国家的学生们的兴趣，而注意实验工作的重要性。"[12]丁肇中在这篇演讲中，反复强调了科学实验的重要性，强调了"自然科学理论不能离开实验"，强调了"物理学是从实验中产生的"。丁肇中还说："实验是自然科学的基础，理论如果没有实验的证明，是没有意义的。当实验推翻了理论以后，才可能创建新的理论，理论是不可能推翻实验的。"[13]丁肇中的这一见解，是在总结以前的实验科学家和他的大半生实验经验的基础上提出的。是的，科学规律的发展、科学理论的创新，都是从实验入手进行分析的。从牛顿的经典力学、麦克斯韦的电磁统一理论，到爱因斯坦相对论的创建等，整个近代科学的发展都是这样。丁肇中从各个方面强调了实验科学的重要性。

丁肇中每次回国，都谈到实验物理的重要作用，希望得到有关方面的重视和支持。他通过自己的亲自体验提出，在中国接受本科教育比到美国任何一所学校都好，包括哈佛大学、普林斯顿大学和斯坦福大学。中国学生的理论知识是非常扎实的，但是中国学生缺乏动手能力和自主学习的习惯，他们比起美国学生最大的不足就是他们对老师的依赖性，一旦离开老师，他们就会不知所措，更不要说自主学习了。这些说明，中国物理教育过程中对实验及培养学生动手能力不够重视。因此，他恳切地"希望我们这一代对于格物和致知有新的认识和实用，使得实验精神真正地变成中国文化的一部分"。[14]

中国学生为什么不重视实验精神？丁肇中认为，这与中国传统教育中不大重视实验、对实验存在偏见有关。过去，受"万般皆下品，唯有读书高"思维定式的影响，很多学生偏重抽象思维，喜欢做理论工作而不愿动手，特别是缺乏科学实验精神和科学的价值眼光，使我国少有真正达到世界一流水平的重大发现和创造。而形成这种现状的重要原因之一是，传统教育"只顾考试，不重视研究自然科学"[15]，"不太重视实验科学"[16]。这种思想也影响了丁肇中。丁肇中也是受中国传统教育长大的。他说，他刚到美国念大学物理的时候，起先以为只要很"用功"，什么都遵照老师的指导，就可以一帆风顺了。而事实并不是这样。刚开始做研究时便发现，做研究不能光靠老师，需要自己做主。当时，由于事先没有准备，不知吃了多少苦。他说，埋头读书应付一切，对实际的需要毫无帮助。丁肇中以切身体会对从事科学研究的青年学子提出了希望。他说："我觉得真正的格物致知精神，不但在研究学术中不可缺少，而且在应付今天的世界环境中也是不可或缺。在今天一般的教育里，我们需要培养实验的精神。就是说，不管研究科学，研究人文学，或者在个人行动上，我们都要保留一个怀疑求真的态度，要靠实验来发现事物的真相。"[17]当今，世界多极化在曲折中发展，科技进步日新月异。新事物、新知识、新问题、新挑战层出不穷。我们只有不断学习，不断探索，大胆质疑，慎重思考，勇于实践，才能获得真知。

与此同时，在获得真知的基础上要勇于创新，创新是科学研究的永恒主题。丁肇中教授说：在环境剧变的今天，我们应该重新体会到几千年经书里说的"格物致知"真正的意义。这意义有两个方面：第一，寻求真理的唯一途径是对事物客观的探索；第二，探索的过程不是消极的袖手旁观，而是有想象力的、有计划的探索。丁肇中的这一观点告诉我们，科学家在观察和研究自然的基础上，应该大胆地提出各种假说和设想，永远不能停止对创新的追求，永远不能停止对真理的追求。一个科技工作者只有执著探索，才能使科学不断发展，才能使技术不断进步，才能使科技生产力不断提高。

三、挖掘原动力

> 科学改变了整个人类生活，我猜想这也是很多国家支持它的主要原因。但这不是我的原因，我做这些事情最主要的原因是好奇，想了解我们是怎么来的，这是我做科学研究最根本的动力。
>
> 丁肇中

2011年10月16日，丁肇中在向山东大学学生传授成功之道时说，好奇心是科学探索的原动力。他非常希望大学生们选择自己感兴趣的领域，然后全力投入工作，只有这样生命才会有意义。

丁肇中的这一成功经验，是所有在科学上出类拔萃的人具有的共同特征。从爱因斯坦、居里夫人到比尔盖茨、霍金等，他们从事科学探索的动机中，都具有一个基本禀性——探索自然规律的好奇心。这是因为，人类是大自然的产物，而大自然在赋予人类躯体、头脑的同时，也赋予了人类不断探索的天性。当人类进化尚处婴孩期时，就开始以充满好奇的眼光观察周围的环境和世界，从而产生了最早的理性思考。正像爱因斯坦所说的那样："我没有特殊的天赋，我只有强烈的好奇心。谁要是体验不到它，谁要是不再有好奇心，也不再有惊讶的感觉，他无异于行尸走肉，他的眼睛是模糊不清的。"[18] 可见，好奇心是人类进入文明社会的重要标志，是从事科学研究的原动力。

好奇心能直接激发科学研究的兴趣和热情。丁肇中之所以在科学实验中取得一个又一个辉煌的成就，其主要原因，就是他对科学探索具有强烈的好奇心。20 世纪 60 年代初，一位叫樱井的日本物理学家提出一种观点：当光子的能量高到一定程度时，光子与物质作用前会先变成一种质量很大的粒子，这种粒子称为矢量介子，后来实验上果然发现了三种矢量介子。这些介子后来称为重光子。丁肇中对这一观点很好奇：自然界里究竟有多少种重光子？大概不会就是眼前所知道的那三种吧？为了探索这一问题，丁肇中开始了一项非常艰难的实验。最后，终于找出了第四种重光子，后来人们把它叫"J 粒子"。丁肇中因发现"J 粒子"而获得了 1976 年度的诺贝尔物理学奖。

好奇心不但使丁肇中获得了科学大奖，而且一直伴随着他的一生。当丁肇中发现了"J 粒子"后，他又对三喷注现象产生兴趣。他领导的马克-杰实验组在联邦德国汉堡的德意志电子同步加速器研究中心的大型正负电子对撞机上首先发现了三喷注现象，找到了胶子存在的证据，使人类对基本粒子的认识达到了一个新的阶段。1994 年至今，丁肇中又对寻找宇宙中的反物质产生兴趣，并情有独钟。据一些物理学家说，在大约 150 亿年前，宇宙起源于大爆炸。随后，宇宙不断地膨胀和冷却，造就了人类居住的地球。根据粒子物理论，大爆炸应该产生相同数量的物质及反物质。物质组成了我们的世界，那么反物质在哪里？天文学家把宇宙中用光学方法看不到的物质称为暗物质，暗物质在宇宙中约占 90%。它们究竟以何种形式存在？在宇宙中，究竟有没有反物质存在？这是目前粒子物理学家和天文学家共同关注的焦点之一。这两个物理学的难题恰似两朵迷人的"乌云"，萦绕在丁肇中的脑海里，激发他的好奇心。丁肇中被"宇宙之谜"强烈地吸引着，他决心探索这既被人重视又被人忽视的"无人区"——在宇宙中寻找反物质和暗物质。

为了寻找反物质和暗物质，丁肇中设计了一个巨大的磁铁装置，提出了一个惊人的实验方案，去模拟宇宙初开时刹那间天体结构的变化。这个实验由全球16个国家和地区的500多名科学家和1000多位工程技术人员组成，是由丁肇中领导实施的。这项实验简称为AMS实验（即阿尔法磁谱仪实验）。他设想，通过磁谱仪升空，进而把它固定在太空站台上，以便更有效地捕捉反物质和暗物质信息。1998年6月2日，阿尔法磁谱仪（AMS-01）随美国"发现号"航天飞机升入太空，完成了10天运行，顺利返回地面。据科学家们初步分析，阿尔法磁谱仪（AMS-01）运行状况良好，经受住了严酷的太空作业环境的考验。2011年5月16日，丁肇中领导研制的阿尔法磁谱仪（AMS-02）由美国"奋进号"航天飞机带入太空，被送入国际空间站，开始为期10年以上的宇宙反物质探寻之旅。对这项投资巨大，涉及16个国家和地区的56个科研机构的国际合作组织，丁肇中克服了各种难以想象的困难。这项实验如果没有好奇心驱使，是很难完成的。

丁肇中为什么对科学探索乐此不疲？正像丁肇中所说的那样："科学改变了整个人类生活，我猜想这也是很多国家支持它的主要原因。但这不是我的原因，我做这些事情最主要的原因是好奇，想了解我们是怎么来的，这是我作科学研究最根本的动力。"[19]"我毕生的追求就是满足好奇心。"

四、18年只做一件事

人只有精力集中，才能突破，所以必须懂得放弃。我年轻时特别喜欢中国历史，很多年代和事件都能倒背如流，直到现在家里都有好多历史藏书，但满脑子都是物理实验，哪还有时间看，有得必有失嘛。

丁肇中

18年，在历史的长河中，虽然是"弹指一挥间"，但在人生的征途中也是很漫长的。在18年中，有的人"心系一处"，专心做一件事，不为名利所动，两耳不闻窗外事；有的人被五光十色的"精彩"世界吸引，心情浮躁，随波逐流，在喧嚣的学术氛围中碌碌无为；有的人像钓鱼的小猫一样三心二意，又想做学问，又想当官，吃着碗里的，想着锅里的，结果学业一事无成，官也没有做好。丁肇中就是一位"心系一处"，专心做一件事的实验物理学家。

20世纪90年代，物理学界又出现一个未解之谜：宇宙是由什么构成的，过去数十年，一些科学家证实，宇宙是由暗物质组成的。暗物质是宇宙中看不见的物质，没有发出光，没有电磁波，用天文望远镜观测不到。时至今日，科学家对看不见的暗物质了解模糊，认为这种暗物质是由150亿年前的一次宇宙大爆炸产生的。这种宇宙大爆炸学说是否真实，现有的都是理论上的推测。为了知道宇宙中是否存在反物质和暗物质，丁肇中以科学的好奇心和坚韧的品质决定进行一项大型的科学实验。他说："假如宇宙是由大爆炸而来，爆炸以前是真空，爆炸以后有物质世界，就有反物质世界。假如找不到反物质，就表示'宇宙大爆炸'这个理论是有问题的。"[20]

从1994年开始，丁肇中以统帅三军的大丈夫气魄，带领全球500名科学家、1000多名工程技术人员参与了阿尔法磁谱仪大型国际合作项目。这是在国际空间站上运行的一种尖端的高精度的粒子探测器。其科学目的是通过探测太空中的高能宇宙射线粒子，寻找宇宙中的反物质和暗物质，来研究宇宙的起源及其构成。这项实验工程复杂，耗资巨大，按丁肇中教授的话说："这是我40多年里遇到的难度最大的实验，甚至比当初为我带来诺贝尔奖的发现'J粒子'的实验还要困难得多。"[21]

1998年6月，阿尔法磁谱仪（AMS-01）搭乘美国"发现号"在太空成功飞行10天，之后，世界上16个国家和地区共500多名科学家直接参与这项实验。在准备进行第二次实验时,却发生了美国"哥伦比亚号"航天飞机失事和7名宇航员丧生的事件。事故发生后,美国国家航空航天局宣布,原定2005年载运阿尔法磁谱仪进入太空的计划取消。丁肇中回顾当时的感受时说:"那是我第一次在面对挫折时,感到自己有一种无能为力的感觉。"[22]但是,具有坚韧品质的丁肇中没有被困难吓倒,他开始为阿尔法磁谱仪的命运抗争。2005年,丁肇中应邀在美国参议院就美国科学发展现状发表讲话,他利用5分钟的发言时间和9张幻灯片,宣讲了他的基础科学研究实验。丁肇中说:"他们很惊讶地听到,空间站也能为科研出大力。"最后,美国国会命令美国国家航空航天局为丁肇中的实验提供一架航天飞机。就在奥巴马就职典礼后的第三天,阿尔法磁谱仪又重新回到了航天飞机的载货单上。

当时,大多数理论物理学家并不认为这一实验能够发现任何原始反物质和暗物质。他们得出的结论认为,原始反物质在宇宙大爆炸后的最初时刻就消失了。对此,丁肇中没有退却,他以不容置疑的口气强调说:"物理学的进步就在于不断地推翻别人的理论。"丁肇中主动建议美国政府,邀请一流科学家评估他领导的科研项目。评估结果是,多数真正一流的科学家支持他。

2006年,香港大学面临"校长荒",有人推荐丁肇中出任香港大学校长职务。丁肇中委婉地拒绝说:"我没有资格啊,能力不够,尤其在管理方面。"他笑着说:"个人的能力和时间也有限,所以我会专心于研究工作。"[23]丁肇中不为高官和各种名利所诱惑,专心致志,仰望天空,一心探索宇宙的奥秘。

2011年2月4日,在阿尔法磁谱仪(AMS-02)将发射升空时,美国的航天飞机面临停飞,这样就不能使阿尔法磁谱仪(AMS-02)返回地面,而阿尔法磁谱仪(AMS-02)中的超导磁铁不是一个理想的选择,必须更换。丁肇中指出要用永久磁铁替代超导磁铁,这一决定虽然遭到几乎所有专家的反对,但最后还是坚持下来。事实证明,这样既可以使阿尔法磁谱仪(AMS-02)的使用寿命延长20年,又能提高其灵敏度,有助于寻找新的现象。2011年5月16日,随着美国"奋进号"航天飞机升空的阿尔法磁谱仪(AMS-02)被送入国际空间站,开始为期10年以上的宇宙反物质和暗物质探寻之旅。该国际科学项目负责人丁肇中再度为世人瞩目。

1994～2012年，丁肇中只为寻找宇宙中的反物质和暗物质而工作，其他事情什么都不做。这18年来，他"自己100%的时间都在实验室度过"，在反物质和暗物质的世界里驰骋遨游、漫漫求索。为了保证有充足的时间做实验，丁肇中拒绝了全世界99%的各种活动邀请，他说："我不做别的事情，只做一件事。我空下来就在想，想实验的每一细节，反复想，想得很具体，一旦发现问题，我会立即打电话，给德国、意大利或别国的科学家，与他们讨论问题，有时请他们过来。"[24]丁肇中认为，从事科学实验，必须淡泊名利、耐住寂寞。他说："人只有精力集中，才能突破，所以必须懂得放弃。我年轻时特别喜欢中国历史，很多年代和事件都能倒背如流，直到现在家里都有好多历史藏书，但满脑子却是物理实验，哪还有时间看，有得必有失嘛。"[25]正因为丁肇中专注执著，与物理无关的事情从来不参与，只做一件事情，他的科学研究成就才如此辉煌。

五、科研是纸上谈兵吗

> 基础研究可改变整个世界和人类的生活。
>
> 丁肇中

科学研究是一项探索性的活动，尤其是基础科学研究，更为重要，它"大大提高和改善了我们的生活质量"。[26]因此，科学研究在整个国家的发展中具有重要的地位和作用。

从历史上看，整个人类技术文明的发展和突破都是由科学研究引发的。从文艺复兴到18世纪中叶以蒸汽机和各种机械发明为标志的工业革命，19世纪的电气化，20世纪30年代开始的对核能的利用及现代的信息化，每个时期都可以看到由基础科学研究的突破引发的技术上开创性的革命和变化，从而带动了整个西方工业技术的发展。尤其是20世纪，以相对论和量子论为代表的物理学革命，使人类对自然界从微观到宏观基本规律的认识发生了质的变化，产生了半导体技术、核技术、激光技术和信息技术等，这些技术的产生和发展，都是由基础科学研究而产生的。所以，从事科学研究并不是纸上谈兵，而是促进人类科技进步的重要举措；从事科学研究，并不是"自我安慰，啥用没有"，而是一个现代大国崛起的必要条件，并具有深刻的现实意义。在这方面，丁肇中有独特的观点。

丁肇中指出：是支持"无用的"基础科学还是将资源集中于技术的转化和应用研究？从历史的观点来看，后一种观点是目光短浅的。丁肇中对基础研究的论述，无疑具有伟大的历史眼光。丁肇中是当今世界著名的实验物理学家，他虽然反复强调科学实验的重要性，强调"自然科学理论不能离开实验"，强调"物理学是从实验中产生的"，但是他又强调学习理论的必要性，提出了实验物理学家一定要懂得理论，懂得基础科学研究对科学实验的指导作用。他认为，搞实验的人，必须了解自己从事的那门科学的理论，否则，就找不出矛盾，永远跟在别人后面走。他还说："一个好的实验物理学家，你一定要懂得理论，不懂理论只会动手，只能是工程人员，是技师。"[27]他还以自己的亲身体验说明了这一点。他说："我每一次做实验之前，通常要找几个世界上很有名的物理学家讨论一下，在做L3实验时找了费曼教授，他是很有名的物理学家。……和最好的物理学家讨论，并不是照他所说的做，而是了解这些人的看法，绝大多数理论物理学家都认为，他当初所做的事情最重要，你不一定要按照他说的去做。"丁肇中教授强调，一个好的实验物理学家，既要充分尊重客观实验，又要掌握理论，但不能迷信理论，应自觉地用实验来验证理论，只有这样，才能在实验物理中作出重大贡献。他又说："世界上有两种实验工作者，一种听理论家的话，理论家综合许多实验结果及其学说，推陈出新而有了新的猜测，由实验家去求证。另一种却凭自己判断去选择实验。我是属于后者，一向争取去做自己认为重要的实验，我认为一个研究工作者应能自觉地知道各种研究问题的相对重要性。"[28]可见，丁肇中从事实验物理的主要目的是实现自己的判断，而不是证明已有的理论。丁肇中通过自己的亲身体验，深刻认识到科学研究的重要性。他认为，一个实验物理学家只有重视科学研究，才能作出一流成就。他说："研究工作不是一帆风顺的，深入一个未知领域很难做出预言。失败是成功的一部分。因此，基础研究需要充分的自由空间和长期的展望。"[29]这是因为,从发现一个科学新现象到这一科学成果的市场化大约需要20~30年的时间,对于政治家和企业家来说这一时间显得过于漫长了,他们更愿意在自己的任期内看到科学研究带来的利益,但是基础研究常常会让他们感到失望。所以,对基础研究需要给予充分的自由空间和长期的展望。丁肇中的论述,对规划我国的基础科学研究具有直接的指导意义。

当前,我国是一个拥有14亿人口的大国,是一个由发展中国家向中等发达国家迈进的大国。21世纪,在基础研究方面持续取得突破性进展,批量获得诺贝尔科学奖的桂冠,在科学技术方面进入世界发达国家的行列,是使中国成为真正大国的梦想和追求。但是"技术的发展生根于基础研究之中","如果没有对基础研究和教育方面的投资,发展经济的实用主义途径是不可能持久的"。丁肇中教授的观点告诉我们,基础研究还是关系国家经济持续发展的根本,而经济又是现代大国的基础,因此,基础研究可谓决定一个大国长期表现的重要内在标志。

从20世纪的一些历史经验来看,凡是称得上"大国"的,大都具有基础研究的辉煌历史,大都出现过成批的诺贝尔科学奖得主。仅以美国为例,在刚刚过去的100年中,美国科学家的获奖人次占全球的60%,而最后25年,该比例则高达80%;相应地,英国、德国、法国及日本这些几经沉浮的国家,获奖人数也在此项统计中名列前茅。这说明,凡是称得上"大国"的国家,大都重视基础科学研究,大都把基础科学研究作为不可或缺的重要指标。而那些在军事、政治上暂时强盛的"大国",不重视基础科学研究,"大国"的称号也是暂时的,只是昙花一现。为此,丁肇中告诫说:"基础研究需要大量的资源和长远的眼光,这对新世纪的挑战和政府的决策过程是非常重要的。因为国家在基础研究方面的投资在国民经济总值中的比例是一个国家在这方面努力的一个标志。"[30]丁肇中的这段论述清楚地说明,基础研究需要一个国家、一个民族长期地、持续地、耐心地予以资源投入和高度重视。中国在21世纪的和平崛起,无疑更需要决策者像丁肇中那样具有对基础研究的历史眼光和战略意识。

六、真理就是用来怀疑的

> 不管研究科学，研究人文学，或者在个人行动上，我们都要保留一个怀疑求真的态度，要靠实践来发现事物的真相。现在世界和社会的环境变化得很快。世界上不同文化的交流也越来越密切。我们不能盲目地接受过去认为的真理，也不能等待学术权威的指示。我们要自己的判断力。
>
> ——丁肇中

科学研究以追求真理为目标。所谓真理，在本质上是客观的，是对客观规律的反映。但是，科学中没有100%的正确和纯而又纯的真理，如果把现有的认识尊为绝对，那就阻塞了科学前进、超越、开拓、创新的道路。所以，无论何种理论，其正确与否，最终都需要接受科学实验或社会实践的检验。而那些敢于对陈旧理论进行质疑，敢于向权威进行挑战，敢于大胆地提出新的科学观点的人，才有可能作出开拓性的成就。丁肇中就是一位敢于怀疑，在科学探索中不被传统观念束缚的人。

丁肇中刚刚拿到博士学位时，还只是哥伦比亚大学的一个年轻教师。当时他得知，哈佛大学和康奈尔大学的著名教授用了几年的时间，做了两个实验，认为电子是有半径的。这个结论是否正确，丁肇中产生了怀疑。他根据波动理论，认为电子是没有半径的。他认为这件事情很重要，是捍卫量子电动力学的关键，决心要做这个实验。当时，他既没有经验，也没有人相信他会做这个实验，更没有人支持他做这个高难度的实验。他多方联系，只有德国有个实验室欢迎他去做这个实验。当时，他辞去哥伦比亚大学的教师职务，到了德国。在那里，他用8个月的时间，克服了各种难以想象的困难，夜以继日地工作，终于作出了这个实验，证明了电子是没有体积的，从而捍卫了量子电动力学的权威性。丁肇中深有体会地说："做实验物理,就不能考虑别人的看法,不能因为绝大多数人反对,你就不做。物理学的进步,就是推翻所有人已知的东西而发展的。"[31]正因为丁肇中在科学探索中具有怀疑精神,才使他屡获成功,成为第三位获得诺贝尔科学奖的华人科学家。

丁肇中在科学实验中为什么创新精神体现得那么突出,其主要原因是对科学的质疑。他认为,科学需要从质疑开始,否则科学就不能前进。他在一次演讲中说:"不管研究科学,研究人文学,或者在个人行动上,我们都要保留一个怀疑求真的态度,要靠实践来发现事物的真相。现在世界和社会的环境变化得很快。世界上不同文化的交流也越来越密切。我们不能盲目地接受过去认为的真理,也不能等待'学术权威'的指示。我们要自己的判断力。"[32]"J粒子"的实验,就是从质疑开始的。在20世纪70年代,当丁肇中进行实验准备工作的时候,高能物理研究几乎处于停滞不前的状态,当时的物理学家普遍认为:基本粒子结构的对称性理论已经完美无缺了,基本粒子是由三种夸克构成的。但丁肇中并没有被这种传统观念束缚,他说:"当时我就在怀疑,为什么只有三种夸克?""于是我决心寻找新的夸克,这种决定几乎是在一瞬间的时间里决定的。"[33]他通过实验,终于寻找到了第四种夸克的存在,为人类认识微观世界开辟了一个新的境界,被称为"物理学的十一月革命"。

丁肇中的质疑精神更多体现在阿尔法磁谱仪的实验中。阿尔法磁谱仪的实验始于20世纪90年代初。当时,大多数理论物理学家对此实验表示反对,认为这一实验不能够发现任何原始反物质。他们得出的结论是:原始反物质在宇宙大爆炸后的最初时刻就消失了。美国密歇根大学宇宙射线物理学家格雷格·塔尔勒说,"最初的目标物早已经灰飞烟灭",并对这项实验一直持批评意见。他们的最终结论是,目前没有理论让他们相信丁肇中的实验是正确的,也没有人相信宇宙中反物质原子核的存在。他们还说,目前用在阿尔法磁谱仪项目上的资金,可以用在更重要的地方。对此,丁肇中不因别人的反对而改变看法。他说,当与某种理论产生分歧时,实验结果是最有说服力的,他以不容置疑的口气强调,"物理学的进步就在于不断地推翻别人的理论"。[34]

面对各方面的阻力，丁肇中力排众议，不怕各种流言蜚语，不怕各种讽刺打击，不怕各种阻挠和反对，他以坚忍不拔的毅力工作着。当时，美国国家航空航天局天体物理学咨询委员会主席克雷格·霍根在一封信中指责丁肇中说：与其他任务相比，科学价值不很突显的任务都会给天体物理学的整体状况带来危害。丁肇中对此回应指出，阿尔法磁谱仪项目不属于美国国家航空航天局天体物理学的任务，没有用过美国国家航空航天局的科研拨款，也没有美国国家航空航天局的科学家参与到这项研究中来。至于对其科学价值的审查，他指出，除了经过欧洲多个机构的审查之外，美国能源部也分别于 1995 年、1999 年和 2006 年对阿尔法磁谱仪项目进行了审查。丁肇中对美国国家航空航天局的那位官员进行了有力的回击。

七、选好课题，再谈竞争

> 科学研究领域同样充满了竞争，而且竞争很厉害。因此，如果很多人在进行同一个研究和实验，那么搞这个研究的科技工作者就要力争做第一，因为世人能记住的是第一个公布成果的人或团队，第二及第二以后同样研究成功的人，一般都不会被记住。
>
> 丁肇中

当今是大科学时代。大科学时代的显著特征就是团队作战，项目竞争。这种竞争包括两个方面：一方面是专业内的竞争；另一方面是专业外的大范围竞争。作为一名科技工作者，要适应大科学时代带来的挑战，就得参与竞争。

丁肇中多次强调，对于科学家来说，最重要的是要有竞争精神，要有竞争的态度，赶在别人的前面。丁肇中在 2006 年中国科学技术协会的新闻发布会上说："科学研究领域同样充满了竞争，而且竞争很厉害。因此，如果有很多人在进行同一个研究和实验，那么搞这个研究的科技工作者就要力争做第一，因为世人能记住的是第一个公布研究成果的人或团队，第二及第二以后同样研究成功的人，一般都不会被记住。"[35] "只有第一没有第二，第二就意味着最后。"[36]他还说，科学研究的这种竞争对科技的发展是非常必要的。在当今时代，竞争是科学研究的动力，如果没有竞争，科学就不能发展，人类就不能前进。因此，竞争是科学知识生产的动力和生命。

什么叫竞争？丁肇中认为，竞争就是尽最大的努力，用最快的速度和最好的质量超过别人。只有竞争，大家才能努力向上，既突出了先进，又使落后的坐不住、奋起直追。对于学生来说，竞争就是开动脑筋想办法，创造性地解决困难问题，时时刻刻保持旺盛的斗志。与此同时，具备动手能力也是参加竞争不可缺少的条件。丁肇中还认为，竞争不是鬼鬼祟祟、钩心斗角，而是通过竞争鞭策自己，赶超别人，别人的优良成绩也可以激励自己的进步。怕竞争是没有道理的，越怕竞争越要被人淘汰，因为你不竞争，别人也在竞争。因此，竞争是一种动力，它不允许存在妒忌。

对于竞争的形式，丁肇中认为主要有两种。一是争夺科学发现的优先权，即科学家对科学发现的所有权，在技术创新方面则是争取技术发明的专利权。二是争取科学成果的高质量。这两种形式的科学竞争，都会促进科学的发展。

丁肇中以自己在科学研究中的实践为科技工作者树立了竞争的榜样。例如，在发现"J粒子"的过程中，丁肇中与里克特进行了竞争，他的实验组比里克特实验组较早地发现了新粒子；他领导的马克-杰实验组在进行实验时，其他三个小组与丁肇中同时进行相同的实验，结果，马克-杰实验组获得了446个实验事例，比其他三个研究组所得到的实验事例之和的两倍还要多，从而在这场科学竞争中取得了胜利。丁肇中在科学竞争中，还讲究获得科学成果的高质量。他在发现"J粒子"之后，他没有草率地发表实验成果，而是反复核对，反复实验了很多次，以便取得更多的数据来说明新粒子的存在。丁肇中声称：他发表的东西只可能有印刷上的错误。丁肇中这种坚持高质量的科学态度给我国科技工作者树立了典范，带来了有益的启示。作为一名青年科技工作者，一定要有竞争的态度，赶在别人的前面；与此同时，不要计较个人名利得失，要有敬业精神、献身精神，要锲而不舍、只争朝夕，要不畏权威、敢于质疑，形成个性鲜明的研究风格。

作为一名青年科技工作者或大学生，如何参与科学研究领域的竞争？丁肇中提出了很有见地的观点。丁肇中在2011年10月16日向山东大学的学子们传授成功之道时说："你们不要在乎一个多么好的学校，重要的是你决定做研究时，要选择一个好的题目，并且一直为之努力。很多诺贝尔奖获得者就是这样坚持的。"[37]丁肇中认为，作为自然科学家要想走在别人的前头，选好课题是非常重要的。课题既能反映出一个科学实验者的工作态度、方法和价值取向，又能反映出其科研水平和能力。他还以20世纪几位获得诺贝尔奖的著名物理学家为例作说明。他说，他们都是选好一个课题，认为这个课题是最重要的，然后全力以赴地去完成。他说："好的物理学家，总是想在一个新的题目上，做一个新的东西。"[38]

怎样才能选出一个有价值的课题，并将其付诸实施呢？丁肇中认为："作为一个实验物理学家挑选题目：第一，要根据你以前的经验。第二，最好不要永远重复以前做的实验。我觉得最主要的是应该根据你的经验有一点直觉。"[39]怎样才能获得这种直觉呢？丁肇中说："一个实验工作者可以综合种种科学资料，不经理论家详细的计算而作某一猜测，这种能力当然不是与生俱来的，而是在积累经验中培养出来的。"[40]只有对整个实验学科的具体情况了然于心，掌握第一手资料，才能正确把握实验学科的发展方向。

另外，选择课题还要敢于冒险。丁肇中说："你不能因为别人反对就把你的研究题目放弃，因为你要把绝大多数的观念打破的话，必然会遭到别人的反对。"[41]丁肇中就是"一个大胆的、精明的、具有洞察力的实验者"。在科学实验中，丁肇中选定的实验课题常常遭到质疑、批评和反对，但他并不惧怕压力。他坚信"真理往往掌握在少数人手中"。为了寻找宇宙中的反物质与暗物质，丁肇中不顾一些科学家的反对，把科学实验带入了太空；为了寻找宇宙中的反物质与暗物质，丁肇中决定把一个最好的太空高能粒子探测点放到空间站上去，用航天飞机带到太空试运行。丁肇中选择课题的冒险性让世界16个国家和地区的 500 名科学家惊讶不已，并引起了他们的兴趣，纷纷前来加入，为探索宇宙之谜贡献力量。

八、科学研究中的"谨小慎微"

> 不踏踏实实、认认真真地工作，松松垮垮、舒舒服服是搞不好实验的。
> 一切都要做到最精确可靠。任何错误都会对国际上这一领域的发展带来消极的影响。
>
> 丁肇中

进行科学研究，既需要严格、严谨、严肃，也需要大胆进行学科交叉，大胆假设，大胆实践。然而，在如何对待科学研究上，有些人却片面地强调一个方面，错误地认为科学研究不必谨小慎微，"谨小慎微的科学家既犯不了错误，也不会有所发现"，"有的人谨小慎微，行为保守"，"谨小慎微在某种程度上意味着故步自封、碌碌无为"。其实，这些言辞缺乏对科学研究的理解，不懂得科学研究的成果是怎么来的，不懂得科学发现是通过科学研究中的谨小慎微而取得的。

科学研究的对象是客观规律。科学研究的客观性要求每一个科学工作者具有实事求是的科学精神和严谨精细、一丝不苟的科学态度。古今中外，那些作出卓越贡献的科学家无不具有这种品质。

丁肇中就是一个在科学上谨小慎微的人。他认为，科学实验是一项复杂性、艰巨性极强的工作，它具有激烈的国际竞争性，决不允许有丝毫的懈怠，必须严谨慎微，并一丝不苟。丁肇中经常对他的同室人员说："不踏踏实实、认认真真地工作，松松垮垮、舒舒服服是搞不好实验的。"[42]他还经常用自己发现"J粒子"的经验教育科技工作者，他说："我做了 10 年矢量介子实验，才从上百亿个各种各样的粒子中找到了一个'J粒子'。这就像在北京地区下一场倾盆大雨，从无数雨滴中辨认出一滴带颜色雨点那样困难。做实验,不能允许有丝毫的松懈和马虎。"[43]

　　丁肇中在"J粒子"实验过程中,表现出的严谨慎微的精神是难以用语言形容的。在实验之前,他和研究小组的同事们一起检查设备,从早上10点开始,对1000多台电子仪器,3台大型计算机,几千根电缆都一一进行细致的检查,一直工作到第二天早上。在实验过程中,他亲自指挥、亲自动手、亲自操作。为了坚持连续观察,他以实验室为家,经常在实验室里待上两天两夜,甚至几天几夜都不回家。当"J粒子"发现后,他又要求小组全体成员暂时不要对外界宣布,必须再次核实这个实验,一定要做到万无一失。他说,越是重大的发现,越是要慎重、周密。为了慎重起见,丁肇中小组又另外采集了一组人员的实验数据,结果也得出了完全相同的结论——确实有一个寿命长得出奇的新粒子出现在他们面前!直到两个月后,在证明实验确实无误后,丁肇中才公布了研究结果。他在回忆时说:"那是激动人心的,但是我们还是花了两三个月的时间来验证。"[44]

　　丁肇中不但自己对科学实验严谨慎微,而且对他的小组成员也严格要求。他曾说过:"科学上的发现,都是通过努力工作得来的,极少靠运气。再说像高能物理实验这种耗资巨大的大规模研究工作,有哪一个财神老爷让你动辄花上百万美元去碰运气呢?所以,你们在我这里工作,必须要遵守我的规矩:准时上班,认真工作,各组要分头实验,直接向我负责,组与组之间不得相互联系,以免弄虚作假,影响实验的可靠性……"[45]一位丁肇中的助手,美国麻省理工学院博士柏格说:"每次实验之前,Ting都亲自检查电缆的接头是否松动,示波器和其他仪器的工作是否正常。"丁肇中这种一丝不苟的工作精神让身边的工作人员非常钦佩。有一次,丁肇中正在和他的研究小组开会讨论工作,一位亚琛大学的教授在下面小声和人讲了几句话,丁肇中发现后,不客气地对那位教授说:"请你出去讲话!"于是,那位教授便到房子外面蹲着去了;过了一会儿,丁肇中又走过来对他说:"请你还是进来吧,我们需要你的智慧。"丁肇中就是这样,对科学研究和管理都非常严格,有时竟达到了一种苛刻的程度。

　　丁肇中对阿尔法磁谱仪的实验更是谨小慎微。阿尔法磁谱仪是一项大型的国际合作项目。它凝聚了世界16个国家和地区的60所大学、研究所的500多位科学家和工程师的智慧和心血，是国际空间站上的重要实验。所有的仪器和技术，都是世界上前所未有的：它们必须能在太空上经受各种极端条件的考验，长期运行而不发生任何故障。丁肇中说："这样大的一个国际合作项目，参加的国家、单位和科学家这么多，文化背景、作风习惯等都不同，必须要有严格的制度、规定、需求。譬如，我通常很注意一位科学家这次的发言，与上一次或前一次，有什么地方矛盾了，尤其是数据，如果前后不一致，一定要讲清楚为什么这次的数据与上次不一样。"[46]丁肇中还对记者说：在阿尔法磁谱仪这样的大项目中，无论哪一处细节出了问题，都会影响到整个项目的进行。你犯的第一次错误，也就是最后一次错误。所以，我们在整个研制过程中，慎之又慎，每一处技术细节，都要反复推敲、论证；每一个设备部件，都要经过严格的测试。你看我们这次开会，对于每一技术问题，大家从各个侧面进行细究，从中又发现了许多问题。这样的会，我们经常开，没有哪一次可以说"圆满成功"了，总是不断地发现问题、解决问题。2008年1月，美国参众两院通过了一项决议，为阿尔法磁谱仪（AMS-02）增加一次航天飞机的发射。2009年3月初，阿尔法磁谱仪（AMS-02）一切准备就绪。3月18日，美国国家航空航天局宣布：国际空间站的工作年限，将从2015年延长到2028年。当时，阿尔法磁谱仪（AMS-02）是依据在空间站工作到2015年设计的，现在空间站的工作年限一下增加了13年，这就要求阿尔法磁谱仪（AMS-02）提供更长的工作时间。若从2009年算起，它能在空间站待上20年。阿尔法磁谱仪（AMS-02）的其他组件，在使用寿命上都留有很大的余量，继续工作几十年应该没有问题，只是核心部件——超导磁体，没法工作到2028年。因为超导所需的液氦会损耗，只有3～5年的工作寿命。如果在空间站再放13年，将失去磁性，使探测器无法工作，必然成为国际空间站的一块废铁。丁肇中当即决定，将超导磁铁换为永磁铁，以延长阿尔法磁谱仪（AMS-02）的工作寿命。丁肇中整整用了大半年的时间，对阿尔法磁谱仪（AMS-02）进行了大"手术"。他带领科学家和工程师们玩起了"连轴转"。无论是周末休假还是圣诞新年，实验室里都没有断过人影。他说,他当时的"最高纪录"是连续六个昼夜没有睡觉。

2011年5月,当阿尔法磁谱仪(AMS-02)装于航天飞机后准备发射时,丁肇中对大家说:你们所有的人都离开,让我单独留在这里,我要一个人静静地想一想。丁肇中独自坐在机舱里,将阿尔法磁谱仪(AMS-02)的各个子系统及所有的部件又仔细地在脑海中过了一遍,思索还可能有什么问题。他在机舱里整整思考了四个小时,他一直在机舱里坐着,面对着这台即将登上太空的探测仪,把每个细微之处都在脑中又仔细地扫描了一遍。最后,丁肇中从航天飞机机舱出来,站在五层楼高的发射塔上,环绕着航天飞机,最后又走了一圈。他边走,边审视着眼前的一切,思考着还可能有什么问题被忽视。他说:"这是国会通过的一个项目,一旦出错,负责任的只有一个人,即是我。我必须慎之又慎。"[47] 2011年5月15日8时56分,阿尔法磁谱仪(AMS-02)被"奋进号"航天飞机送上太空,开始了它的最后一次征程。三个月后,阿尔法磁谱仪(AMS-02)收回的数据,超过了过去50年的数据总和。但是,丁肇中没有急于发表文章。他说:"绝不能提前发表文章,就是往后发表文章越好,做得对比发表早更为重要。一切都要做到最精确可靠。任何错误都会对国际上这一领域的长期发展带来消极的影响。"[48]

九、内行才能领导内行

> 物理实验最好还是由物理学家来领导,过去西欧、美国的实验室有不少事实证明,由加速器专家领导的物理实验就不如由物理学家领导的实验搞得好。因为不是同行或不懂行的人,往往缺乏科学的预见。
>
> 丁肇中

当下,在科研领域,一直有两种观点影响着科学研究的发展:一种是内行领导内行，一种是外行领导内行。有人说，内行领导内行，才能适应科学发展的时代要求，才能促进科技创新，走上科技强国之路。有人说，外行领导内行是普遍规律，除此没有其他办法。两种观点，仁者见仁，智者见智。哪种观点符合科学研究的规律？

丁肇中从自己所从事的实验物理这个领域，谈了应由什么样的人来领导的问题。比如，搞物理科学应由谁来领导呢？丁肇中认为："搞物理实验最好还是由物理学家来领导，过去西欧、美国的实验室有不少事实说明，由加速器专家领导的物理实验就不如由物理学家领导的实验搞得好。因为不是同行或不懂行的人，往往缺乏科学的预见。"[49]这是因为，领导者的科学素质直接影响着科学实验的成败得失，并具有一定的决定性。一个领导者如果缺乏内行的基础知识，以"门外汉"的身份去指导工作，必然会出现失误和偏差。现代科学实验的领导者不仅仅是组织者、管理者，更重要的是他必须是一个科学实验的参与者，不懂行怎么能把握科研方向、确定科研课题、选择合作者、制订实验方案呢？显然，科学实验的领导者不仅要是内行，而且要是富有创造力和开拓精神的科学大师。丁肇中就是一名顶级的科学实验领导者，他领导的大大小小的实验都曾取得了丰硕的成果。尤其是"J粒子"实验、L3实验和阿尔法磁谱仪实验，为世界科学的发展作出了突出的贡献，赢得了世界科学家的高度赞誉。丁肇中还以自己的切身体会，谈了内行领导内行的重要性。20世纪90年代初期，丁肇中一直领导开展阿尔法磁谱仪探测计划。如果这个计划的领导人是外行的话，根本不可能把阿尔法磁谱仪（AMS-02）送上国际空间站。

丁肇中还主张，作为科学实验的领导人，要知人善用，充分挖掘年轻人的智慧。他说："物理研究是年轻人的工作，因为他们富于想象力，在研究微观世界时，能突破一般生活的概念，创造崭新的理论，来解释微观世界的现象。"[50]丁肇中在决定一些重要问题之前，总是要征求所有人的意见，并且问得很仔细。尤其是年轻人的意见，他特别重视。在科学实验中，丁肇中总是把他信任的年轻人安排在关键的位置上。例如，他请陈敏搞离线分析，牛曼负责计算机，福岛负责触发系统，尤里负责强子量能器，他们都是经过长期考验，证明是可以很好地胜任工作的。

丁肇中还主张,在组织科学实验方面人才的队伍要精良。他说:"一个实验组要作出成绩,就必须有一支精良的队伍。在组织管理上,一定要克服群龙无首的弊病,必须保持一个很高的办事效率。一旦确定了目标,就要力排众议,甚至不顾反对,坚定不渝地干下去!"[51]这样,就必须有一支踏踏实实,勤奋拼搏,能打硬仗的队伍。如果"松松垮垮,不合作共事,这样大规模的实验就不会成功"。丁肇中之所以能在科学实验方面取得一个又一个成绩,并被世人瞩目,其主要原因就是他在选择用人上具有独到的见解,选用的人才敢于挑战多数人的意见,挑战现有知识的束缚,挑战一些人看来不可能的事情。为了使自己领导的实验组保持蓬勃的生命力,丁肇中一般只让组内的工作人员工作 3~5 年。他认为,这样做可以不断地从中选拔出最优秀的人才来搞科学实验。

参考文献

[1] 顾迈南. 丁肇中. 北京:新华出版社,2002:80.

[2] 陈洁琦,淳麟. 寻找带色的雨滴——丁肇中的科学风采. 上海:上海科技教育出版社,2002:329.

[3] 杨建邺,肖明. 荣耀中华——诺贝尔奖华裔科学家传. 武汉:武汉出版社,2008:109.

[4] 周金品. 丁肇中传. 北京:科学出版社,2006:57.

[5] 陈洁琦,淳麟. 寻找带色的雨滴——丁肇中的科学风采. 上海:上海科技教育出版社,2002:94.

[6] 吴学东,梁国钊. 预约成功——诺贝尔奖获得者的大学生涯. 南宁:广西人民出版社,2002:95-96.

[7] 梁国钊. 诺贝尔奖获得者论科学思想、科学方法与科学精神. 北京:中国科学技术出版社,2001:218.

[8] 鲍振元. 丁肇中的科学道路. 福州:福建教育出版社,1990:28.

[9] 顾迈南. 丁肇中. 北京:新华出版社,2002:44.

[10] 朱长超. 世界著名科学家演说精粹. 天津:百花洲文艺出版社:184.

[11] 朱长超. 世界著名科学家演说精粹. 天津:百花洲文艺出版社:185.

[12] 周金品. 丁肇中传. 北京:科学出版社,2006:108-109.

[13] 延宏,王婷婷. 丁肇中:实验是自然科学的基础. 科技日报,2006-09-

07，第1版．

[14] 周金品．丁肇中传．北京：科学出版社，2006：197．

[15] 顾迈南．丁肇中．北京：新华出版社，2002：160．

[16] 叶松庆．丁肇中科学的教育价值．世界科技研究与发展，2011，(6)：64．

[17] 丁肇中．应有格物致知精神．素质教育大参考，2004，(4)：37．

[18] 彭建伯．怎样培养创新好奇心．发明与创新，2005，(1)：36．

[19] 丁肇中．要能竞争就要能站在别人前面．http：//news．xinhuanet．com/edu．2010-08-11．

[20] 许启彬．丁肇中：物理大师的宇宙情怀．http：//www．gmw．cn．2011-10-11．

[21] 丁肇中．丁肇中谈阿尔法磁谱仪：一切都要最精确可靠．http：//blog．ifeng．com/article/7682232．html．2010-09-07．

[22] 丁肇中．不息的探索．黄海晨刊，2011-10-25，第1版．

[23] 丁肇中．丁肇中坦言无意在港任大学校长专心做研究．中国新闻网，http：//news．sohu．com．2006-05-24．

[24] 姚诗煌．探秘宇宙"无字书"（上）．http：//www．whb．com．cn．2011-10-18．

[25] 丁肇中．自信 好奇 定位——丁肇中谈科学研究．上海教育（双周刊），2002（10A）：43．

[26] 丁肇中．为什么要支持基础科学研究．科学时报，2000-10-27，第3版．

[27] 陈坤明，梁国钊．丁肇中的科学实验方法论．梁国钊．诺贝尔奖获得者科学方法研究．北京：中国科学技术出版社，2007：49．

[28] 陈洁琦，淳麟．寻找带色的雨滴——丁肇中的科学风采．上海：上海科技教育出版社，2002：310．

[29] 丁肇中．为什么要重视基础科学．世界科学，2001，(6)：9．

[30] 丁肇中．为什么要重视基础科学．世界科学，2001，(6)：9．

[31] 姚诗煌．探秘宇宙"无字书"（上）．http：//www．whb．com．cn．2011-10-18．

[32] 陈洁琦，淳麟．寻找带色的雨滴——丁肇中的科学风采．上海：上海科技教育出版社，2002：308．

[33] 耕涛，小东．丁肇中传．武汉：湖北人民出版社，2008：217．

[34] 方陵生．丁肇中：执著探索未知的"科学狂人"．http：//www．

gmw. cn. 2011 - 05 - 24.

[35] 段佳. 丁肇中：科学研究也充满了竞争. 大众科技报, 2006 - 09 - 17, 第 A1 版.

[36] 周金品. 丁肇中传. 北京：科学出版社, 2006：155.

[37] 丁肇中. 丁肇中向山大学子传授成功之道——兴趣＋坚持＝成功. http：//www. learning. sohu. com. 2011 - 10 - 17.

[38] 李政道. 物理的挑战. 北京：中国人民大学出版社, 2006：85.

[39] 梁国钊. 诺贝尔奖获得者论科学思想、科学方法与科学精神. 北京：中国科学技术出版社, 2001：218.

[40] 姚诗煌. "我只做一件事"——诺贝尔奖获得者丁肇中教授谈科研、人生、家庭. 文汇报, 2003 - 4 - 16, 第 9 版.

[41] 刘振坤. 丁肇中多数服从少数. 新华文摘, 1999, (5)：171.

[42] 顾迈南. 丁肇中. 北京：新华出版社, 2002：81.

[43] 陈洁琦, 淳麟. 寻找带色的雨滴——丁肇中的科学风采. 上海：上海科技教育出版社, 2002：209.

[44] 杨建邺, 肖明. 荣耀中华——诺贝尔奖华裔科学家传. 武汉：武汉出版社, 2008：127.

[45] 杨建邺, 肖明. 荣耀中华——诺贝尔奖华裔科学家传. 武汉：武汉出版社, 2008：122.

[46] 姚诗煌. 探秘宇宙"无字书"（上）. http：//www. whb. com. cn. 2011 - 10 - 18.

[47] 姚诗煌. 探秘宇宙"无字书"（上）. http：//www. whb. com. cn. 2011 - 10 - 18.

[48] 姚诗煌. 探秘宇宙"无字书"（下）. http：//www. whb. com. cn. 2011 - 10 - 18.

[49] 李凤岐. 丁肇中的科学实验思想和方法. 北京广播电视大学学报, 2010 (6)：63.

[50] 陈坤明, 梁国钊. 丁肇中的科学实验思想述略. 梁国钊. 诺贝尔奖获得者科学方法研究. 北京：中国科学技术出版社, 2007：70.

[51] 周金品. 丁肇中传. 北京：科学出版社, 2006：147.

第四章

激光先锋：朱棣文

朱棣文，1948年2月28日生于美国密苏里州圣路易斯市，祖籍中国江苏太仓。世界著名物理学家。1970年，朱棣文毕业于美国罗彻斯特大学，获数学和物理学学士学位；1976年获美国加利福尼亚大学伯克利分校物理学博士学位；1976~1978年，在加利福尼亚大学伯克利分校做博士后研究，后受聘贝尔实验室从事电磁现象研究；1983~1987年任美国电话电报公司贝尔实验室量子电子学研究部主任；从1987年起，任美国斯坦福大学物理学和应用物理学教授、物理系主任；2004年8月1日，任美国劳伦斯伯克利国家实验室主任；2009年1月20日，任美国能源部部长；2013年2月至今，在斯坦福大学任教。

朱棣文在科学研究领域贡献颇多，获得多项奖励：1987年获美国物理学会和美国物理教师学会的理查脱迈耶纪念奖；1993年获沙特阿拉伯费萨尔国际科学奖；1994年获美国物理学会肖络奖和美国光学会梅格斯奖；1997年获诺贝尔物理学奖。朱棣文在1992年当选为美国艺术与科学研究院院士，1993年当选为美国国家科学院院士，1998年当选为中国科学院外籍院士。

朱棣文长期投身于实验物理学的研究工作。他一直醉心于原子物理和激光物理的研究。他利用"光学黏胶"有效地将微量气体束缚在一定的空间，为冷却原子奠定了坚实的基础。后来，朱棣文与他的助手又发明了用激光冷却捕捉原子的方法，使该技术有了非常广泛的实际用途，因而获得了1997年的诺贝尔物理学奖。朱棣文还一直关心能源和环保问题。

目前，朱棣文发表的主要科学著作有《中性粒子的激光禁锢》、《中性粒子的操纵》和《朱棣文论文集》，并有多篇演讲论文发表。

第四章 激光先锋：朱棣文

一、努力，努力，再努力

> 充满自信，不因暂时挫折而灰心；坚持不懈，必定成功。
>
> ——朱棣文

在人生的道路上，有许多崎岖的山路，有许多厄运，还有各种各样的困难出现在你的眼前。面对这些，是努力前进、奋力拼搏，还是一蹶不振、犹豫彷徨，这可以检验一个人能否成功、能否有所作为。

朱棣文，就是一位不怕困难、不怕挫折、充满自信的人。1948年2月28日，朱棣文出生于一个知识分子家庭。父亲朱汝瑾，早年毕业于清华大学化工系，1943年留美获麻省理工学院化工博士学位，是国际知名的化学工程专家。母亲李静贞，1945年毕业于清华大学后，在美国麻省理工学院攻读工商管理，是一位经济学家。

在朱棣文成长的过程中，他的父辈及同辈人中有12位获得博士学位，他的哥哥和弟弟从小就出类拔萃。哥哥朱筑文是麻省理工学院博士，现任斯坦福大学医学系教授。弟弟朱钦文21岁即获得哈佛大学物理学博士学位。家庭环境对朱棣文产生了相当大的影响。这给朱棣文造成了很大的压力，使他非常沮丧，他在自传中写道："生活在如此杰出、人才辈出的家庭，你常常会感觉自己就是一个笨蛋，年轻时的我，在这个家庭中只能算是一个'黑羊'（没有出息的孩子）。"[1]
上中学时，朱棣文虽然很努力，按哥哥那种学习方法去学习，但与哥哥相比，还是很平庸。他的哥哥在学校里学习成绩总是名列前茅，累积分在学校里总是最高。高中毕业时，朱棣文曾向许多名牌大学提出了入学申请，但由于学习成绩不是很好都被拒绝了。相比之下，他的哥哥进入普林斯顿大学，两个堂兄在哈佛大学，还有一个堂兄在布林马尔大学，都是名牌大学。最后，朱棣文上了一所不那么著名的曼彻斯特大学。在准备去曼彻斯特大学的时候，朱棣文暗下决心，一定要干出一番事业，从他那些卓越的兄弟和堂兄弟们的阴影中走出来。

朱棣文上了那所私立大学以后，没有自卑，没有彷徨，没有萎靡不振，而是按着自己的想法，充满自信地去读书、去学习。他认为，进哪所大学只是你的标签，重要的是掌握自我学习的能力。他读费曼的《物理学讲义》，从这部教材中深刻地领略了领略了物理学的奇异之美，不由为费曼把物理学描绘得如此美丽而赞叹不已。从那以后，朱棣文决定要做一名物理学家，像费曼那样在物理学领域作出贡献。

朱棣文经过努力，取得了罗彻斯特大学数学和物理学学士学位，完成了加利福尼亚大学伯克利分校的物理学博士学位和博士后的学习研究任务。后来，朱棣文又被选入著名的贝尔实验室工作，从此开始了他的实验物理学研究生涯，走上了科学研究的道路。1998年8月19日，朱棣文在接受上海《文汇报》记者的采访时，在为《文汇报》读者和广大青年科学家所题的词中写道："充满自信，不因暂时挫折而灰心；坚持不懈，必定成功。"这句话，深刻地总结了他治学成功的经验。他对记者说："我经常告诉学生，无论你是在做基础研究还是搞工程技术研究，你坚持下去，你将来就是这个领域的专家。这与体育赛事道理一样，如果你不认为自己跑得快，你怎样能得第一名呢？"[2]

朱棣文在治学中，经常遇到挫折、遇到麻烦、遇到讽刺和打击，但他全然不顾。他坚持自己的判断、自己的主张、自己的追求。他经常以自己的亲身经历对他的学生讲："你们是世界上最优秀的学生，只要你想学，那么你就能学好，你就能成为一名学者，不一定是科学家,但你会成为一个喜欢解决问题的人。"[3]朱棣文还鼓励他的学生说,人的智慧是有限的,有些事情不是每个人都能做到的。例如,有的人成不了世界级的运动健将,成不了世界级的音乐家或类似其他方面的专家,这并不影响你的自信,只要经过足够的科学训练,拥有广泛的知识面,你就会觉得自己很有力量。这就是自信心,自信心会助你成功。

2002年6月17日,朱棣文来到清华大学紫光国际交流中心时,对全国青年学生写下了如下期望:"致中国的青年学生,做学问是一项崇高的事业,选择一个能够令你振奋的研究领域,并为之付出你所有的激情和勇气。"[4]朱棣文的这句题词,是要勉励中国青年学子在做学问时,要了解做学问的艰辛。因为通往科学的道路是一条非常曲折、非常艰难的道路,它要求学子们在攀登科学高峰的过程中,要不断探索、不怕失败。尤其是在确定了目标之后,就要坚持下去,就要持之以恒。只有不断努力、锲而不舍,才能获得成功。

朱棣文从确定要当一名物理学家开始,就没有离开过他钟爱的科学研究。他一旦选定了目标,就持之以恒地忘我投入。尽管在治学和研究中遇到不尽如人意的地方,他都能克服、都能战胜、都能渡过难关,最后取得胜利。2004年8月,朱棣文出任美国能源部下属劳伦斯伯克利国家实验室主任,准备领导一项叫"太阳神"的计划,研究如何利用生物将太阳能转化为其他能源,即未来的生物燃料。这项研究计划需要解决很多科学问题,克服各种技术挑战,"需要和其他实验室、大学及商业机构合作,才能确保将科学和技术成果成功转移到市场"。[5]为此,朱棣文提出了四种实现途径,当需要投入大量资金时,"因为没有亲自推销自己的项目,美国国会拒绝了他的这一方案"。[6]朱棣文面对这一情况,决心"改变工作方式","要做更好的工作来推销自己的想法"[6],用"热情去迎战,永远不放弃"[7]。美国国会最后终于拨款4亿美元来资助"太阳神"计划。

二、交流胜过苦思

> 交流非常重要，表达自己的观点本身就是一个提炼的过程，在人与人交流的过程中，你也会不断发现一些新的东西。
>
> 朱棣文

英国作家萧伯纳说过："倘若你有一个苹果，我也有一个苹果，而我们彼此交换这些苹果，那么，你和我只是各有一个苹果。但是，倘若你有一个思想，我也有一个思想，而我们彼此交流这些思想，那么，我们每个人将有两种思想。"[8]交流不仅能获得信息，而且能激励人们奋起直追，产生新思想、新观点、新精神。朱棣文在这方面有深刻的见解。朱棣文说："交流非常重要，表达自己的观点本身就是一个提炼的过程，在与人交流的过程中，你也会不断发现一些新的东西。"[9]

1983年秋，朱棣文在一次偶然的午餐聚会上，认识了一位优秀的科学家，名叫阿施金（Arthur Ashkin）。他比朱棣文大几岁。在餐桌上，阿施金随意提到几年前他提出的激光捕捉原子的想法，当时由于没有得到上司的注意和重视，这项实验不得不停止。朱棣文仔细听着阿施金的回忆，产生了极大兴趣。从那以后，朱棣文经常与同事们讨论这个梦想，阿施金还经常将一些复印资料送给朱棣文，朱棣文认真阅读这些资料后，决定放弃其他一切研究，集中精力投入激光捕捉原子的研究中去。他与研究小组边讨论边研究，就这样，经过两年多的实验，终于实现了用激光冷却捕捉原子的实验，并因此获得了1997年的诺贝尔物理学奖。

朱棣文在大学时代，就喜欢找教授们聊天。他在加利福尼亚大学伯克利分校时，就认识了许多优秀的科学家，有的还是诺贝尔奖获得者。朱棣文认为，和这些伟大的科学家在一起，与他们交流，可以开阔自己的眼界，可以学到他们思考和处理问题的方式方法，可以看到这些大科学家的工作作风和严谨的治学态度。朱棣文到贝尔实验室后，更加注重讨论与交流。他与二十几位年轻的科学家一起，相互沟通，关注彼此的工作进展情况。他们聚会，参加学术讲座，共进午餐，时时都进行着热烈的讨论，互相了解"有什么新的进展"，有时，为了某一个问题常常争论得面红耳赤。朱棣文在充满快乐的科学气氛中成长起来，并常常因兴奋而激动不已。他的一些科学论文，大都是在讨论与交流后受到启发而写出的。

1998年8月19日，朱棣文教授在接受《科技日报》记者采访时，还强调了交流的重要性。他说，通过交流，可以互相补充思想，可以看到自己的不足，可以看到别人有价值的观点。往往在此期间，你能产生新的观点。朱棣文还说，作为一名教授，他大多数时间是在与学生讨论思想。在"相互间讨论时，谁的观点正确与否并不太重要，重要的是大家必须有自己的观点，重要的是你能从别人那里学到好的东西"。[10]

2002年6月，朱棣文到清华大学演讲时，对大学生们说："这里是清华，有中国最好的学生，作为清华大学学生，你们有很多机会，应该掌握这个机遇，多思考、多交流，学会以不同的方式思考问题，和同学一起从不同的角度寻求多种解决方案"[11]。朱棣文还说："在学习和研究的过程中，两人交流互动的结果，会产生不同的观点和新的讨论方向，甚至带来不同的文化观点。"[12]所以，他十分提倡在学习与研究中，一旦有了新的想法，应该到某一方面的专家那里去请教，一起讨论是不是有可能或还有没有更好的方法来做到这一点。他认为，进行公开的讨论是培养创新意识的极为重要的环节。朱棣文以自己的亲身经历教育青年：治学离不开交流，交流是极好的学习方式。

目前，我国科技界和教育界还存在着一个突出的问题，即缺乏自由讨论的习惯。在讨论科研问题时，不注重学术上的自由讨论，不注重不同学科知识的移植和杂交，而是把自己圈在图书馆和实验室里，进行"单打独斗"。反观国外一些研究机构和大学，定期自由讨论几乎是一条不成文的规定。正如美国得克萨斯大学普里高津研究中心的科学家、现兼任北京大学复杂科学中心主任的陈平博士所说："在美国，我除了吃饭睡觉以外几乎所有时间都在想科学的核心问题，问题解决的灵感都得之于和竞争者的交锋或同边缘领域专家的讨论。在中国，只有业余的少量时间可以想点真正有意义的问题，但无人可以对话，这是我一直考虑全面归国但又一再推迟的原因。"[13]从陈平博士的话语中，我们应该得到启示：要培养创新人才，必须营造一个自由讨论的氛围。让不同层次、不同单位、不同学科、不同专业的青年科技人员自由参加，共同讨论，以便碰撞出智慧的火花，寻求多侧面、多角度的思考，产生创新思维，激发创新灵感，从而获得重大的创新成果。

三、不要把获奖看得那么重

> 当我想到还有更多的优秀科学家，特别是比我强的科学家还没有获奖时，我自然就不应该把这项奖看得那么重。
>
> 朱棣文

当一名科学家经过艰苦的探索，取得了世人瞩目的科学成就，获得了世界级大奖——诺贝尔奖的时候，他的心情是多么激动和自豪。因为，这个奖项是当今科学研究领域的最高荣誉。当所有人把钦佩的目光投向他们的时候，获奖者却有两种不同的态度。一种人是在成绩面前沾沾自喜，故步自封，志得意满，获奖后追求浮华虚名，整天处在交际应酬之中，被鲜花和掌声淹灭，与获奖前判若两人。另一种人，也是大多数，他们总是认为自己做得还不够好，把获奖当做新起点，继续向新的"制高点"攀登。

当朱棣文在睡梦中被电话铃声惊醒，得知自己获得诺贝尔奖的消息时，他开始不相信。这是什么原因呢？这可以从他自己的话里找到答案。他说："获诺贝尔奖是很好的科学家，没获的可能是更好的科学家。不应为获奖而获奖，要对科学作贡献。"[14]朱棣文从未想过获奖，他考虑的只是科学。

朱棣文认为，每个人走进科学的殿堂，并不是为了拿奖，而是献身于科学事业，为人类作出贡献。朱棣文平时很少提及自己的研究成就，甚至在父母面前也从不提起。他母亲说，以前他每次得奖从不告诉我们，都是我的朋友看到报纸后，剪下报纸寄给我，我才知道的。例如，1996年获得左根汉研究奖，1993年获得第一个国际大奖，1987年获美国物理学会艺术奖等，他都没有表现得特别兴奋。

1997年10月15日，当朱棣文获得诺贝尔物理学奖的消息被证实后，朱棣文仍然表现出难得的沉稳和谦虚。他在接受记者采访时表示："对这次获奖，我深感高兴和荣耀。我不希望这个殊荣而打乱我的时间表，我还是我，我将一如既往地进行我的研究和教学工作。"[15]"我的学生应该还是如往常一般地对我，也许会多一些尊敬，但如果有什么大的改变，反而会令我觉得诧异。"[16]他来到学校40分钟后，按教学计划的安排，朱棣文仍然像以往那样平静地给研究生按时讲了一节一年级的量子力学课程。当讲到10分钟后，有一位学生忍不住提出了一个要求："朱教授，您能给我们介绍一下'光学黏胶'实验吗？"朱棣文谦虚地问："你们都愿意听吗？"结果，60位学生全部举起了手。于是，他用余下的时间简单介绍了自己的科研过程和获奖经过，企图"平息"教室里的兴奋情绪，把秩序拉回到正常的课堂教学中来。可是，学生们的兴奋心情已经脱离了他的控制。学生们当天下午拉着他来到校园里的大草坪上，为他举办了别开生面的香槟酒会。朱棣文的获奖项目，是他与另外两位科学家发明的"用激光冷却捕捉气体原子的方法"。这种方法是将高速运动的气体原子用激光束固定住并随意移动以进行研究。打个比方，犹如以喷水的方式来使一个行进当中的小球静止下来，让它悬浮在空中，把它看个够。这项成就，可使科学家在前人无法到达的领域内操控物质，同时也是对物理学理论的重大突破。为此，朱棣文从1976年做博士后起整整奋斗了20年的时间。

当有人赞扬朱棣文所取得的成就，请朱棣文发表感想时，朱棣文首先在众人面前赞扬了斯坦福大学出色的学术研究环境，赞扬斯坦福大学培养了许许多多优秀人才，而谈到自己时，他只是说："当我想到还有更多的优秀科学家,特别是比我强的科学家还没有获奖时,我自然就不应该把这项奖看得那么重。"[17] "我的所有成绩,都是和众多有才华的合作者共同工作的成果。没有他们,我的成就会小得多。"[18]对自己获得诺贝尔物理学奖,朱棣文认为,这并不说明自己比别人有多出色,有多特别,而只是比别人更幸运,是依靠前辈科学家留下的成果一步一步做下去,才到达前人所未触及的境地。当斯坦福大学校长称赞他是"一位伟大的物理学家"时,他予以纠正:"我只是一位普通的物理学教授。"[19]在记者招待会上,他依旧穿着经常穿的蓝色衬衫和棉布裤子。

当有人问朱棣文准备如何使用诺贝尔奖金时,他幽默地说:"在扣除了给山姆大叔的税后,可能就剩不多了,但至少可以付出一部分尚未还清的贷款。"[20]他希望得奖后遭媒体追逐的阶段能尽快过去,以便安下心来做自己的事。朱棣文当上美国能源部部长以后,仍然战斗在科研第一线,带领科研人员研究能源发展问题。2013年2月,他辞去了能源部部长职务,又回到了他的科研岗位——美国斯坦福大学,从事教学和研究工作。

四、无好奇,不科研

> 我的快乐就是把整个世界变成物理公式。对于我来说,搞科研完全出于好奇,绝不是为了赚钱。
>
> 朱棣文

翻开20世纪科学发展史,那些科学家们所创造的各种科学奇迹,大都由好奇心所驱使而产生。因此,具有好奇心而投入科研的科学家,对改变人类生活,发现未知世界具有很大的推动作用。一个科学家如果缺乏好奇心,就难以对宇宙的物质产生深刻的认识,就难以激活大脑对新奇事物的相关信息,就难以产生探索未知的能力,从而影响探索未知的脚步。

朱棣文出身于一个学术世家，家庭环境的影响，父辈及兄弟的成才激励，使他对科学产生了兴趣，并具有强烈的好奇心。这种好奇心从小到大，一直没有减少，反而随着对科学认识的加深而更加强烈。对他来说，科学研究就是他的快乐，获奖只是他科研的副产品。为了完成用激光来捕捉原子的实验，他全力以赴，心无旁骛，20年如一日，终于取得了丰硕成果。这一成就的取得充分说明，好奇心对于一个科学家来说是多么重要！

1998年8月28日，朱棣文在接受上海《文汇报》记者访谈时，记者提出了"要成为一个有创见的物理学家，应具备哪些素质"这一问题，朱棣文回答说："要成为一名优秀的物理学家所具备的素质，首先必须是要有好奇心，对于自然的好奇，对于普遍事物的好奇。据我所知的优秀物理学家，他们对于所有事物都非常好奇，他们想探知事物的规律，他们具有看到事物最为本质一面的本领。"[21]朱棣文的这段话深刻地阐述了科学研究的首要条件和优秀科学家所必备的素质。朱棣文认为，科研的基本目的在于了解自然，了解我们的生活环境，设法控制并改善生活环境。这个过程当中最大的动力来自对自然的好奇与热情。上大学以后，朱棣文对科学的热爱，尤其对物理的热爱使同窗佩服不已。他说："我的快乐就是把整个世界变成物理公式。对于我来说，搞科研完全出于好奇，绝不是为了赚钱。"[22]朱棣文还对当前中国大学生普遍忽视科学的倾向非常担忧。他说："科学需要最好的人来做，需要一批最优秀的年轻人不断补充到科学队伍中来，不这样，科学就会受到损害，就会死亡。应该鼓励更多优秀的年轻人从事科学研究。我要说的是，如果你是一个热爱科学的人，只要你现在的生活水平可以，不存在生存问题的话，就不要去设法赚钱，而应该去搞科学，去从事好奇心研究。"[23]这是因为，科学研究是一项艰难的事业，同时也是一项非常愉快的事业。从事科学研究的人只有把好奇心放在首位，加之不断地努力拼搏，才能取得辉煌的成绩。

1983年，激光冷却与捕捉原子的实验就是由好奇引起的。当时，他停止了其他一切实验，全身心地投入激光捕捉原子的研究中去。经过几个月的反复思考和一系列实验，朱棣文发现，如果用激光来捕捉原子，首先要使原子冷却。于是，他设计了一系列的实验，进一步发展了阿斯金的想法。朱棣文将真空室里的原子冻到接近绝对零度，又用6道激光从不同方向追捕原子——原子就这样老老实实地落入了陷阱。1997年，朱棣文因此获得了诺贝尔物理学奖。

获奖当天，在谈到获奖感想时，朱棣文说，他能获得诺贝尔奖，感到非常高兴和光荣，他虽然觉得有些意外，但又不完全感到意外，因为"我觉得自己的研究非常疯狂，所以得奖应该是有一点机会的"。[24] 几十年来，朱棣文是以非常疯狂的态度投入科学研究当中去的。他每周的工作时间都在70小时以上，有时节假日也在工作，连他的家人也无法让他停下来休息几天。即使外出旅行，等飞机的时候，他也会拿出一张纸来做运算。当有记者问他，一个成功的科学家应如何对待科学研究时，他幽默风趣地说："有人说除了妻子之外，每一个好的科学家都有一名'情人'——科学研究。"[25] 朱棣文虽然没有直接回答记者的提问，但也充分显示了他对科学的热爱与投入。他说，科学家要对自己从事的事情真心喜欢，要有兴奋感、要好奇。"当你对事业有好奇心时，所有的热情、执著就会自然被激发出来。"[26]

五、创新精神不是说说而已

> 我很喜欢开发研究新课题、新领域，从中学习一些想知而未知的新知识，不断学习使自己的思想永远年轻。
>
> 朱棣文

许多人都喜欢谈论创新，并说出很多种创新的方法。关于创新的理论文章和专著可谓不计其数。人类社会正是依靠创新、才摆脱了史前的愚昧时代，迈进了文明的门槛，不断发展进步。所以说，创新，是一个民族进步的灵魂，是一个国家发展的不竭动力。作为青年学生和科技工作者，我们不但赞美创新、研究创新，更要踏踏实实地落实创新，用自己的行动去推动创新的发展。

如何弘扬创新精神，落实创新行动，使创新精神在每个青年脑中扎下根？在这方面，朱棣文教授为我们树立了榜样。朱棣文的创新精神，就是善于发现问题，敢于攻克难点，勇于攀登科学高峰。

朱棣文认为，一个好的科研人员除了善于学习之外，还要有创新精神。他说："科学研究不能受老框框的束缚，不断创新的精神和能力对于科研人员来说非常重要，对于科学家来说，创新所需要的想象力和创造力与写科幻小说不同。科学研究需要理性的想象，并找到合理的实现途径，这才是有价值的。"[27]朱棣文对科学创新的独特认识，是他几十年来进行科学研究的实践总结，也是一个诺贝尔奖得主的经验之谈和肺腑之言。当有记者问他，"作为一位长期从事物理学科研究，并且成绩斐然的科学家，现在为何投身物理和生物的交叉研究领域"，朱棣文回答记者说："我很喜欢开发研究新课题、新领域，从中学习一些想知而未知的新知识，不断学习能使自己的思想永远年轻。"[28]朱棣文接着讲述了自己从事科研的探索历程。他1997年获得诺贝尔物理学奖的科研工作是在20世纪80年代初进行的，这项工作完成后他又投入了新的领域。到20世纪80年代末，他又转入BIO-X（以物理学与生物学的交叉为特点，以解决生命科学中的问题为主旨的学科研究计划）研究领域，他说："生物与物理、医学、计算机等学科的交叉和综合很可能会为基因研究找到新的科研突破口。十年前我就预见了BIO-X领域广阔的发展前景，所以开始了这方面的研究，今后我将尽自己的努力作出更大贡献。"[29]

在科研中如何才能创新？朱棣文提出了自己的见解。朱棣文提出："创新没有现成的教案，最好的方法是给他们一些例子，让他们参与，在一种从头到尾的参与过程中让学生感受什么是创新，只有通过直接经历，才容易理解创新是怎么回事。"[30]朱棣文的这句话，具有很强的指导意义。中国的教育虽然也强调创新，但学校过多地强调学生的书本知识，加之频繁的书面考试，使学生的创新精神不足，与外国学生相比，有一定的差距。中国学生要培养创新能力，必须鼓励学生敢于想象、敢于参与、敢于与别人交谈自己的想法。与此同时，在学习时要参与到课题研究中去，在导师的帮助指导下从事一定的科学研究工作。只有这样，才能掌握创新的规律，才能明确创新的含义，才能培养创新的精神。朱棣文在1970～1978年读研究生期间，就与导师康明斯教授一起进行科学研究工作。在他与康明斯教授相处的八年中，朱棣文不仅找到了自信，而且还认识到很多有关科学研究的规律性问题。朱棣文在回忆那段科研经历时深有感触地说：“如果我不是康明斯的学生，我可能会缺乏自信。……我不敢相信，如果我当初是为另一个人工作，将会是怎样的结果。我可以肯定地说，怎么也不会取得现在的成绩。”[31] 康明斯教授给予朱棣文高度评价，时至今日，康明斯教授在谈起朱棣文时，爱惜之情难以掩饰。他说：“朱棣文是一个很聪明的学生，他经常有新的发现，思想相当活跃。做博士后研究时，我正在做宇宙不守称实验，如果没有朱棣文，我是做不出这个实验的。”[32]

朱棣文在谈到自己的成才之路时，提出了这样一个成功因素，他说，创新精神是最重要的。所谓"创新"，就是要用新的方法想问题，一旦你有了新的想法，你可以到某一方面的专家那里去请教，一起讨论是不是有可能做到这一点。一个人要想作出成绩，一定要敢于想象，敢于创新，不能跟在别人后面亦步亦趋。

六、实践是解决问题的必由之路

> 如果你将许多时间花在实验室里，那么你的实验技巧就会越来越娴熟。过去需要我花上好几个月才能完成的实验，我现在只需要几天至多几个星期便能完成。
>
> 朱棣文

科学源于实践，任何一门学科都不是虚造出来的，都是经过实践的检验而产生的。因此，实践既是科学理论的源泉，又是检验科学理论真理性的最终标准。勤于实践是一名优秀的实验科学家必备的基本素质。他们懂得，现代科学正在向高精尖的方向发展，科学研究，必须集实验仪器和先进工具之大成，掌握高超的实验技巧才能完成；他们懂得，只有掌握复杂的科学实验技术，才能在科学创造中有重大发现，使科学理论更加完善，更加完美，更加具有无穷的魅力。

科学实验是科学方法的基本要素。朱棣文一直称自己是一位实验物理学家，他对与实验物理相关的光、机、电的基本实验方法非常熟悉。不少实验他不但能设计，而且能自己操作；不少实验，别人去做，几乎都做不出来，而他做，就成功了。他在1997年获得诺贝尔物理学奖的研究成果在很大程度上有赖于一系列难度极高的实验。朱棣文长期在实验室工作，他不但掌握了娴熟的实验技巧，而且对实验物理有极为精辟的见解。1997年，朱棣文在与《美国科学家》杂志记者基思·瓦伊鲁交谈时说："从钟情于物理实验的角度说，我确实非常努力、非常用功，我已经在实验室里待了好多年了。如果你将许多时间花在实验室里，那么你的实验技巧就会越来越娴熟。过去需要我花上好几个月才能完成的实验，我现在只需要几天至多几个星期便能完成。因而这便有了更多的办法和更多的知识。这样，当你在实验中遇到新情况时，就能及时想出恰当的解决办法。实验技巧来自于经验和实践。"[33]

1978年秋，朱棣文刚到贝尔实验室时，他以"初生牛犊不畏虎"之势，开始计划一个关于正电子素光谱的实验。这是一项不少人以失败告终、弄不好就会毁掉前程的研究课题。朱棣文与合作者经过两年的奋斗，在没有取得任何进展的情况下，不顾上司的极力劝阻，坚持自己的做法，凭着顽强的斗志和高超的实验技巧，充分发挥实验小组成员各自的优势和相互合作的团队精神，终于攻克了这个顽固的堡垒，取得了实验的成功。一般人觉得，科学实验枯燥单调，他却乐在其中。他说："在实验室里工作是人生一大享受！"[34]他的大部分时间都是在实验室里。有人问朱棣文每天在实验室多长时间，他说，这要看情况，要看每天允许我多长时间在实验室里，如果我晚上从实验室回家，也许每天工作10～12小时吧。

朱棣文的合作者、著名物理学家阿斯金称赞朱棣文是一位杰出的实验科学家、制造精巧实验装置的专家和一流的工程师。朱棣文认为把自己称为工程师是很有道理的。他说："虽然我的目标是物理学，并且正在试图对物理学作出一些十分重要的贡献,但是我的工作的90%是与工程有关的。……因此,从某种意义上说,我做的许多物理学研究都可以看做是在从事工程技术工作。"[35]这些实验在技术上的复杂之处在于,它不仅仅体现一个见解,而且在进行一个实验的同时,也验证了许多各不相同的假设。在这方面,他是受导师康明斯教授的影响而进入实验物理学研究领域的。他的导师康明斯教授对朱棣文说:"应该集中精力去研究那些涉及物理学根本问题的课题。这些问题一旦解决就会取得科学技术的重大突破。"[36]朱棣文在导师的启示下,开始了一系列实验研究活动,走进了实验物理学研究领域,成为当代著名的实验物理学家。

20 世纪 80 年代初,在物理学领域,人们对原子的探索存在这样一种状况:原子以每小时 4000 公里的速度在运动,为了准确地研究原子及其内部结构,物理学家们梦寐以求的是将原子运动的速度放慢直至相对静止的状态。但是,长期以来,一些物理学家们屡试屡败。一位德高望重的老者对朱棣文说:"如果能抓住原子,那多好啊。我失败了,你来试试吧。"[37]朱棣文决定接手做这项实验。怎样着手呢?朱棣文想来想去,不得其解。有一年冬天,朱棣文坐在安静的实验室里,看到窗外大雪纷飞,犹如童话世界。他突然来了灵感,何不把原子冻得动弹不得,然后再动手抓住它?他将自己的主意和初步演算的结果告知了老板,老板说:"你想做一些疯狂的事,那你就做吧。不过,就带着你的人做,不许再招其他人……"[38]就这样,朱棣文很快将纸上的演算化做手中的实验,他将真空室里的原子冻到接近绝对零度,又用 6 道激光从不同方向追捕原子——原子就这样老老实实地落入陷阱,并被随意移动,以进行研究。这就是当前世界上最尖端的激光冷却捕捉原子研究,有着非常广泛的实际用途。许多科学家称:"这项出色的工作不但有科学理论上的意义,也有实用的价值。"[37]一些科学家认为,利用"激光冷却原子"技术可以测量 DNA 片断的物理特性,这有助于推进人类基因组计划的研究。用朱棣文自己的话说,这项实验的实用价值:可以让一束光透过一个活的细胞核内的一个染色体,把它移动到核内的另一个位置。也就是说,人们有了一个比动手术还好的手段,不必再忍受开刀的痛苦了。诺贝尔物理学奖历来只颁发给在理论研究方面作出重要贡献的科学家，而朱棣文和同伴凭借这项实验得了奖，可见其重要性。朱棣文所主持的这项难度极高的实验，如果仅有好的想法，而做不出来，可能就会与诺贝尔奖失之交臂了。朱棣文深有体会地说："对我来讲最有兴趣的事就是在实验室里做实验。在实验室里，通过不断探索，将自己想知而未知的问题找到答案，就能使自己的学术思想保持年轻。"[39]

七、风险性与前瞻性并存

> 任何计划都是存在风险的，但是在作出周密安排后，实现可持续的能源供应计划的可能性是很大的。我们不知道哪一种方法或研究计划的价值更高，收效更快。
>
> 朱棣文

科学研究是一项探索性极强的工作，它的最大特点就是高度的不确定性，其结果并不能事先预测或保证一定成功。做科学研究，犹如进入一个深奥莫测的岩洞，钻进去可能探得璀璨的珍宝，也可能身陷虚雪而堕入峡谷。在这里，失败是家常便饭，成功却千试难逢；在这里，风险如惊涛恶浪，安全若浪上之舟。因此，科学研究具有风险性与前瞻性。所谓风险性，就是指在某一特定的环境下，通过研究与实践而产生的结果，可能带来损失，或者虽无损失但也未体现出科学价值。这类研究一般是指创新性强、投资量大、综合系统化需求高的重大科研项目。所谓前瞻性，就是指把未来具有一定潜力的研究对象纳入国家重大战略与科学需求范围之内，进行分析判断并深入研究，从而延伸出一些新的理论或产品。承担具有风险性和前瞻性科研项目的科学家必须站在世界科学发展的前沿，洞察科学研究的发展方向，捕捉科学研究带来的机遇，不断创造科学研究的新成果；他们根据人类生存和持续发展的需要，不断探索，不断开拓，不断创造出新的成就，为人类美好的未来造福。朱棣文就是一位站在世界科技发展前沿的科学家。他不但能纵观世界科技发展风云，而且能明察秋毫，关注未来科学发展的研究方向；他不但能研究过去人类想解决而未解决的问题，而且能研究未来人类需要解决的问题。

朱棣文是一位既有远大理想又有扎实风格的实验物理学家。在科学研究中，他十分注重科研课题的选题工作。他对科研选题有自己独到的见解和方法。他研究的课题既有风险性，又具有前瞻性，尤其具有重要的现实意义和深远的战略意义。

1978年，朱棣文进入贝尔实验室以后，开始进入真正意义的科学研究工作。朱棣文先是完成了一篇关于"X射线显微镜学的当前状况"的论文，然后又进行了一个"红宝石中的能量转移"的实验。他在掌握了一定的科学规律以后，开始计划一个关于正电子素光谱的实验。这是一项相当具有风险的科学实验。朱棣文和他的合作者发挥各自的优势，克服了各种困难，经过两年时间的奋力拼搏，终于完成了课题任务。在此期间，朱棣文从电子偶素这一最简单的系统出发，通过一系列难度极高的实验，在很短的时间里得到了光谱分析的结果。像这类带有风险性的科研课题，朱棣文做过很多项。例如，荣获1997年诺贝尔物理学奖的那个科研课题，就是在前人做过多次实验没有成功的情况下完成的。一些科学家称他的那项实验是一项"非常疯狂的实验"。朱棣文对科研课题的选择就是这样，总带有一定的风险性。

2004年8月1日，朱棣文出任美国能源部下属的劳伦斯-伯克利国家实验室主任后，他把研究重点转到新型的、具有风险性和前瞻性的"太阳神计划"中来。"太阳神"取自希腊神话中的太阳之神。传说太阳之神是高大魁传、英俊无须的男子，身披紫袍，头戴光芒万丈的金冠，每天驾驶着四马金车从东到西，早出晚归，克服中途所遇的各种艰难险阻，为大地上的所有生物送去光明和温暖。以"太阳神"命名的能源研究计划，目的是利用生物将太阳能转化为其他能源，希望借此减少温室气体的排放，解决全球气候变暖问题。他说，如果这项研究获得成功，"未来10年，从太阳获取燃料的主要技术障碍有望取得突破"。[40]这项计划"需要解决的科学问题和有待克服的技术挑战是如此之多，我们需要和其他实验室、大学及商业机构合作，才能确保将科学和技术成果成功转移到市场"。[41] 2006年8月2日，朱棣文教授在美国国会的报告中，就"太阳神计划"何时出成果谈了该项计划的风险性。他说："任何计划都是存在风险的，但是在作出周密安排后，实现可持续的能源供应计划的可能性是很大的。我们不知道哪一种方法或研究计划的价值更高，收效更快。"[42]说到这里，朱棣文也给出了他们对这项风险性研究的柔性管理方案。朱棣文领导的这项科研计划，在全球备受关注，其对人类生活方式，对全球化发展模式，尤其是新兴经济体的发展模式具有深远的影响。

朱棣文是一个坚定的环保主义者。他的科研课题，总是离不开环保、能源、森林与湿地保护等一些前瞻性问题。他在各种场合呼吁："气温改变5摄氏度将引发大范围争夺水和可耕地的资源战争，大量人口将流离失所。我们不是在谈论1万人，也不是在谈论1000万人。我们在谈论数以亿计将被洪水永远淹没的人。"[43]他还说："现在是行动的时候了。如果我们在未来的二三十年里不采取措施，那么50～100年后，我们现在的行为所导致的后果将逐步显现。"[44]为此，朱棣文极力主张科研必须关注人类生存与发展问题。朱棣文为环境问题所付出的努力和热情，获得了美国总统奥巴马的肯定。朱棣文被任命为美国能源部部长以后，仍然支持和加强对环境和能源问题的研究。他说，能源部的宗旨是支持能源研究和发展，领导民间革新，培养对我们未来繁荣至关重要的广泛科研研究，并在减少核武器扩散和使用方面提供科学领导。现在，朱棣文所在的能源部已经开始着手进行高风险清洁能源技术的研究，致力于开发一些可能有应用前景，但短期难以产生利润而无法吸引企业的技术。[45]朱棣文在科研中优先考虑发展太阳能、风能及各种能源，将为迎接21世纪人类所面临的重大挑战，实现经济社会可持续发展，带来一场深刻的"绿色革命"。

八、离不开的竞争与合作

我们不要怕竞争，虽然人人希望相互合作而不是竞争，但竞争会刺激人们振作精神，去努力做得更好，当人处于在竞争状态的时候就会更加努力工作。

合作是非常重要的。事实上，这种合作可以带领我们认识科学的本质，因为科学就是为了发现。

朱棣文

科学研究离不开竞争与合作。科学是一种创造性的劳动，对这种劳动的最大的激励方式就是得到科学共同体（某一领域科学家群体的总称）的承认，即承认科学发现的优先权。因为科学研究只有第一，没有第二。因此，只有竞争，才能推动科学的繁荣与进步；只有竞争，才能使科学的效率不断提高；只有竞争，才能使人类社会不断向前发展。所以说，竞争促进了科学研究的持续发展，科学研究离不开竞争。

对在科学研究中如何进行竞争，科学家们具有不同见解。丁肇中说过："任何善意的竞争都是好的。"通过不同观点、不同学派的交锋，人类的认识才会由浅入深、由表及里、由片面到全面，才能越来越接近真理；对同一事物从不同角度、用不同方法去研究，有利于将问题引向深入，有利于更深刻地揭示其规律，有利于促进科学的全面发展。丁肇中的见解是深刻的。朱棣文也有同样的认识。他说："我们不要怕竞争，虽然人人希望相互合作而不是竞争，但竞争会刺激人们振作精神，去努力做得更好，当人处于竞争状态的时候就会更加努力工作。"[46]因为竞争对促进科研成果的取得，对促进科学的发展，都具有重要作用。1984年，朱棣文领导的激光冷却捕捉原子的研究取得了很大进展，但他和他的小组并没有止步，他们继续在原子捕捉研究上不断作出新努力。原因是，他们的科研成果在《贝尔实验室新闻》发表后，引起了一些国内外科学家的关注。在朱棣文等人的影响和启发下，美国国家标准和技术研究所（NIST）的威廉·菲普斯（William Phillips）及其合作者用高效率的磁捕获法取得了成功。法国巴黎高等师范学院的克洛德·科昂·塔努吉（Claude Cohen-Tannoudji）在1988～1995年也对激光冷却实验的理论问题做了研究。他们三人相互竞争，使激光冷却捕捉原子技术有了突破，因而共同获得了1997年的诺贝尔物理学奖。

科学研究需要竞争，更需要合作。因为科学的发展往往需要依靠集体的智慧和力量才能完成。在科学发展的历史上，很少看到巨大的科学发现在完全孤立的个体研究中获得，诺贝尔科学奖常常同时授予两人或三人，就体现了合作研究的重要性。20世纪60年代，我国几十位化学家共同努力，完成了含有51个氨基酸的结晶牛胰岛素的合成，充分体现了合作攻关的重要性。当代科学前沿的重大课题，大到浩瀚的宇宙，小至基本粒子，都越来越成为全人类的共同问题，成为时代的课题。要解决环境、资源、人口等问题，更要求跨国界的科学共同体通力合作才能完成。2006年4月14日，他在接受中央电视台的采访时，畅谈了对科研合作的体会。他说："合作是非常重要的。事实上，这种合作可以带领我们认识科学的本质，因为科学就是为了发现，你要做的首先就是把你的研究内容写下来告诉别人，然后再向他们解释，帮助他们认识和了解，如果你什么都保密，为了赚钱而不告诉别人，这不是科学家。"[46]

朱棣文认为，科学研究重大成果的获得，是一个集体的探险历程，它是集体的智慧，因此，必须发挥潜质各异的人之间相互合作的团队精神。这是促进科学发展的必由之路。朱棣文的这一观点，揭示了科学发展的探索规律。翻开世界科学发展的历史，我们看到，科学发展到现代，各学科之间互相融合的现象是科学发展的必然趋势，而且研究和实验的技术手段也日益复杂。某一个人的知识和能力是有限的，在大多数情况下，已经很少能看到20世纪以前那样靠某一位科学家的个人奋斗就可以取得重大突破的事例了。在这种情况下，就特别需要科学家之间和研究团体内外的互相协作、优势互补、共同攻关。正像朱棣文所说的那样，"在科学研究中，的确有个别天才单打独斗成功了，但是多数情况还是相反的，是一群人共同努力的结果"。[45]这既是科学研究本身的需要，也是科学研究者相互启发、互相借鉴的有效研究方式。

朱棣文领导的"太阳神计划"，也是生物学家、原料科学家和化学家共同攻关完成的。20世纪80年代初，朱棣文进行的一项关于正电子素光谱的实验也体现了合作精神。当时，科学家们花了大量的时间和金钱对其进行实验研究，但都一次又一次地失败了。朱棣文的上司也不同意再进行这项实验。朱棣文认为,他与合作者艾伦·米尔斯(Allen Mills)通过优势互补,完全可以完成这次任务。在实验中,艾伦·米尔斯帮助朱棣文解决了激光和度量的问题,朱棣文帮助米尔斯解决了正电子的问题,最后实验终于取得成功。通过进行科学研究,朱棣文总结到,科学家进行合作可以互相补充思想,看到自己的不足,看到别人有价值的观点。所以,他十分推崇研究中的合作。

朱棣文认为,美国和中国都是大国,两国的碳排放总量超过其他任何国家,要进一步减排降耗,就需要进行合作。如果两个大国携手配合,共同推广节能理念,探讨如何建设节能建筑和清洁电厂,那么两国在防止温室气体效应、加快替代能源的开发与使用方面,就有了全新的动力和市场。

九、科研需要沃土

> 我相信,良好的科学氛围与科学基础,有助于培养优秀的科学技术人才,有助于提高科学技术,有助于促进国家经济发展,并提高人民的生活质量。
>
> 朱棣文

如果一棵松树的种子落在肥沃的土壤里,有充足的养料,有阳光和雨露,它就可能茁壮成长,就有可能长成栋梁之才。同样,优秀的创新人才,如果有良好的科研环境,他就能创造出优秀的科研成果,就可能为人类、为科学的发展作出辉煌的贡献。所以说,科研环境的优劣对科学的发明与创造具有关键作用。科学研究的特点与其他社会活动不同。一般情况下,科学家只有在物质条件充足、思想自由开放、研究氛围宽松的情况下进行科研活动,才能产生丰硕的科研成果,才能创造出科学的奇迹,才能攀登上科学的巅峰,尤其是一个能出现诺贝尔奖得主的科研机构,应当具备充足的科研经费和宽松自由的环境。朱棣文能够获得诺贝尔物理学奖，其中一个主要原因是他所在的科研环境非常有助于创新人才的成长。朱棣文在一次接受《科技日报》记者采访时说："我相信，良好的科学氛围与科学基础，有助于培养优秀的科学技术人才，有助于提高科学技术，有助于促进国家经济发展，并提高人民的生活质量。"[47]朱棣文在科学研究中取得巨大成功后，在回忆贝尔实验室这段9年经历时，满怀感激地说："（在贝尔实验室）除了做我们最热爱的研究工作之外，无须做任何事情，搞科学研究的激动和兴奋气氛充满了大厅、空间受限的实验室和办公室，这迫使我们互相影响、共同进步。有生气的讨论随处可见，从会中到会后，甚至吃午饭时间都在进行，并且延续到网球场和社交集会中，这儿的风气太好了……""贝尔实验室的经理给我们提供资金，保护我们不受无关的官僚主义干扰，并且鞭策我们不要满足于只是为科学做有益的事。"[48]从他的回忆中，朱棣文给我们描述了什么样的科研环境才是出优秀成果的环境：在那里，科研环境具有优良的传统。贝尔实验室是一个具有悠久历史的研究机构，创建之初至今，已有85年的发展历史。它创建之初就有很高的威望，被称为"世界首要的研发机构"和研发的"象牙塔"。在那里，研究人员有自由探索的空间。科学研究需要自由探索，科学追求没有止境。人与人之间互相交流，相互关注，共同讨论，没有钩心斗角、互相拆台、相互忌妒的现象，只要你有新的奇想，对科学研究有价值，就会得到支持。在激光冷却捕捉原子实验刚被提出时，虽然该课题不是贝尔实验室的研发方向，但是由于该课题原创性意义重大，便得到该室领导的支持，使这项成果得以顺利进行。朱棣文最终获得了1997年的诺贝尔物理学奖。朱棣文在诺贝尔奖颁奖大会上高兴地说："贝尔实验室是研究人员的乐园。"在那里，有足够的物质保证和科研经费。贝尔实验室之所以闻名世界，其主要原因是其充分重视科研人员的科学潜质，鼓励他们为科学作出贡献，为他们创造良好的生活和工作环境，使他们无后顾之忧，尤其在科研经费上，不用科研人员自己去跑、去要，去拉关系、走后门，而是按公司的年销售收入的一定百分比提取，以免浪费科研人员的时间和精力。我们从朱棣文对贝尔实验室科研环境的分析与评价中得到一个启示：搞科研必须有良好的科研环境，让科研环境成为研究人员的"乐园"。

王育竹是中国科学院院士、瑞典皇家工程科学院外籍院士，现任中国科学院上海光学精密机械研究所研究员、博士生导师。1978年，王育竹院士在完成为我国"望远号"测量船研制原子钟的任务后，准备思考下一步的研究方向。有一次，他在图书馆查阅文献时，看到一篇关于"激光冷却气体原子"的论文，使他受到启发并提出了实验方案。不到一年的时间，王育竹就提出了三种实验方法，并在我国1979年的《科学通报》和1980年的《激光》杂志发表了。他发表的这三种原创性的实验方法分别与1983年和1997年的诺贝尔奖的获奖成果相似，并比它们分别早了5年和10年。令人遗憾的是，中国科学家成为某一阶段的领先者，却未能成为最终成功者，与诺贝尔奖擦肩而过。由于当时急需两台稳定的激光器，需要120万元的购置费。王育竹通过各种渠道向有关部门申请，但都石沉大海，没有回应。一位部门的领导认为，"目前看不出用途，以后再考虑"。就这样，一项本应获得诺贝尔奖的科研成果就此被延误。

王育竹教授这段令人扼腕的经历带给我们的思考是沉重的。完成一项有价值的科研项目应该有一个好的科研环境。这种环境应该像贝尔实验室那样，首先有一个好的科研领导者。这位领导者在学术上要有敏锐的洞察力，要有容纳百川的胸怀，更要有敢于支持萌芽中的学术思想的勇气。与此同时，要有相对充足的科研经费和稳定的支持。在现代科学发展中，科技创新既靠知识上的突破又靠仪器和设备的先进，如果仅有人才而没有优良的设备，科技创新只能是一句空话，也就是说必要的资金支持是非常重要的。假如王育竹教授不必为争取购买先进仪器和设备而四处奔波，科研经费充足，那么，诺贝尔奖或许早就由中国人获得了。

参考文献

[1] 王恒，朱幼文. 48位诺贝尔科学奖获得者寄语中国. 海口：海南出版社，2011：445.

[2] 王俊鸣. 充满自信，坚持不懈——朱棣文谈科技创新. 文汇报，1998-08-31，第3版.

[3] 李剑君，曹慧. 大洋彼岸的华裔巨星朱棣文. 北京：北京交通大学出版

社,2009:153.

[4]李剑君,曹慧.大洋彼岸的华裔巨星朱棣文.北京:北京交通大学出版社,2009:5.

[5]朱棣文.太阳神计划.世界科学,2007,(1):3.

[6]王丹红.朱棣文能源研究中心计划遭国会拒绝.科学时报,2009-08-19,第A4版.

[7]刘旸.朱棣文:从学界到政界随意徜徉.中国青年报,2008-12-31,第11版.

[8]梁国钊.诺贝尔奖获得者科学方法研究.北京:中国科学技术出版社,2007:41.

[9]章念生,边红.朱棣文:第一个走上领奖台.环球时报,1997-12-28,第2版.

[10]王俊鸣.充满自信,坚持不懈——朱棣文谈科技创新.科技日报,1998-08-31,第3版.

[11]李臻,余诗平.诺言——诺贝尔奖得主的经典语录.上海:文汇出版社,2006:54.

[12]李臻,余诗平.诺言——诺贝尔奖得主的经典语录.上海:文汇出版社,2006:53.

[13]陈京辉,赵志升.人才环境论.上海:上海交通大学出版社,2010:179.

[14]魏斌.伟大的凡人朱棣文.科学启蒙,2005,(6):24.

[15]王勇.朱棣文再造华人之光//华裕达.创新——迎接新世纪的挑战.上海:上海科学技术出版社,1999:317.

[16]何文光.我还是我——记诺贝尔物理学奖获得者朱棣文.http://www.chlnam.com.cn.2011-08-19.

[17]李剑君,曹慧.大洋彼岸的华裔巨星朱棣文.北京:北京交通大学出版社,2009:110.

[18]朱棣文.中性粒子的控制.北京:北京交通大学出版社,2003:21.

[19]沙莹.美国出了个朱棣文.时代先锋,2009,(1):18.

[20]叶雨.朱棣文获奖之后.光明日报,1997-10-28,第7版.

[21]晓晨.科学家应具备的素质.教育文摘报,1998-11-04,第18版.

[22]刘继安.制造大师——诺贝尔奖得主谈成功秘诀.中国教育报,2002-06-29,第2版.

[23]江世亮.与科学大师对话.文汇报,2002-06-24,第11版.

[24] 金歌,罗含丰.阅读大师:自然科学卷.北京:中国发展出版社,2003:249.

[25] 李剑君,曹慧.大洋彼岸的华裔巨星朱棣文.北京:北京交通大学出版社,2009:164.

[26] 李剑君,曹慧.大洋彼岸的华裔巨星朱棣文.北京:北京交通大学出版社,2009:157.

[27] 蒋宏,余雯.访诺贝尔物理学奖得主朱棣文.http://www.ifdaily.com.2000-08-25.

[28] 李剑君,曹慧.大洋彼岸的华裔巨星朱棣文.北京:北京交通大学出版社,2009:157.

[29] 蒋宏,余雯.访诺贝尔物理学奖得主朱棣文.http://www.ifdaily.com.2008-08-25.

[30] 江世亮,王勇.未来科学的突破口.世界科学,2000,(10):9.

[31] 李剑君,曹慧.大洋彼岸的华裔巨星朱棣文.北京:北京交通大学出版社,2009:74.

[32] 李剑君,曹慧.大洋彼岸的华裔巨星朱棣文.北京:北京交通大学出版社,2009:75.

[33] 王勇.朱棣文谈科学研究和个人经历.文汇报,1997-10-24,第6版.

[34] 梧桐,朱棣文.美国能源部的华裔新掌门.理论导报,2009,(3):60.

[35] 王勇.朱棣文谈科学研究和个人经历.文汇报.1997-10-24,第6版.

[36] 李剑君,曹慧.大洋彼岸的华裔巨星朱棣文.北京:北京交通大学出版社,2009:71.

[37] 刘旸.朱棣文.从学界到政坛随意徜徉.中国青年报,2008-12-31,第11版.

[38] 何文光.我还是我——记诺贝尔物理学奖获得者朱棣文.www.chinaam.com.cn.2011-08-19.

[39] 宋晓梦,蒋宏.诺贝尔奖得主朱棣文在上海交大演讲.光明日报,2000-08-31,第A03版.

[40] 朱棣文.太阳神计划.世界科学,2007,(1):2.

[41] 朱棣文.太阳神计划.世界科学,2007,(1):3.

[42] 朱棣文.太阳神计划.世界科学,2007,(1):4.

[43] 吴君.朱棣文为美国华人翻身.http://news.yinhuanet.com/tecn.2008-12-16.

[44] 郇志君."我们的根在中国"——专访美国能源部长朱棣文.http://

www.sdnews.com.cn/news.2009-07-16.

[45]方陵生.肩负改变世界能源结构之重任——朱棣文的清洁能源之梦.世界科学,2010,(2):2.

[46]李剑君,曹慧.大洋彼岸的华裔巨星朱棣文.北京:北京交通大学出版社,2009:51.

[47]王俊鸣.充满自信,坚持不懈——朱棣文谈科技创新.科技日报,1998-08-31,第3版.

[48]廖江,郑艳秋.50位诺贝尔奖大师致中国青年.北京:同心出版社,2002:311.

第五章

求知乐人：崔琦

崔琦，1939年2月28日出生于中国河南省宝丰县肖旗乡范庄村，是当今世界杰出的物理学家。崔琦自幼家境清贫，祖祖辈辈以务农为生。父亲叫崔长生，母亲叫王双贤，都是老实巴交的农民。20世纪50年代初，崔琦到中国香港接受教育，1958年在培正中学毕业，随后到美国深造。1967年取得美国芝加哥大学物理学博士学位后，进入著名的贝尔实验室工作。1982年受聘进入普林斯顿大学任物理学教授，从事电子材料基本性质等领域的研究。崔琦1987年当选为美国国家科学院院士，2000年6月9日被选为中国科学院外籍院士。

崔琦在科学上不断追求完美，并获得多项大奖：1984年获美国物理学会的巴克利奖；1998年4月获美国富兰克林研究所颁发的富兰克林奖；1998年10月获诺贝尔物理学奖；1999年获美国纽约华人策划协会颁发的"1999年度风云人物奖"；2001年1月，被美国《亚裔杂志》评选为20世纪最后10年最具有影响力的100名亚裔人士之一。崔琦在科学上的主要成就是：在薄膜电子特征半导体微观结构和固体物理学研究方面贡献突出，尤其在"分数量子霍尔效应"研究方面贡献卓越。1982年，他与他的同事施特默在极低温强磁场下进行的量子霍尔效应测量，发现了"分数量子霍尔效应"，使人们进一步认识了强关联电子系统的物理性质，为开拓微电子时代创造了条件。

崔琦教授还撰写了大量的科学著作和论文。现已出版的学术著作有《组合费米子：分数量子霍尔效应中的新粒子》和《分数粒子霍尔效应》；论文有《诺贝尔奖演讲辞：强磁场中的两维电子气体无序和相互作用的相互影响》等100多篇，为开辟这个新领域作出了重大贡献。

第五章 求知乐人：崔琦

一、求知乐

> 当我独自静下来时，常有一隐约的声音响起："求知问学是人生最有意义的事。"试问有什么能比通过教学来学习新知识更好的方法呢？
>
> 崔琦

人在生活中有很多乐趣，而哪一种乐趣能使你享受到真正的快乐，在你遇到困难和挫折时，给你增添力量，让你充满信心，战胜困难，获得新的发现呢？答案就是：求知的乐趣！如果你能拥有这种乐趣，那么你的人生就更加灿烂！

崔琦出生在中国河南省宝丰县范庄村的一个农村家庭。父亲崔长生是一位典型的中国农民，靠种地维持生计。母亲王双贤吃苦耐劳、心地善良，帮助丈夫操持家务。崔琦是家里的老四，上有三个姐姐。崔琦自幼熟读四书、五经，由于当地没有中学，在母亲的支持下，12岁时便离开家乡到香港求学。培正中学是以自然学科强而著称的一所著名学校，曾培养出很多科学家、医生和研究人员，造就了不少世界一流人才。崔琦在这所学校里受到了良好的文化知识教育和浓厚的艺术风气的熏陶，各门成绩都特别突出。培正中学的成绩单上记载着他的辉煌：物理 90 分，历史 92 分，地理、国文和英语成绩也都在 80 分以上。崔琦回忆，当年在培正中学对所有的科目都很喜欢，曾经有一两年还特别喜欢历史。他的毕业评语是这样写的：学习勤奋、成绩优秀、举止端正、彬彬有礼。[1]

当时，香港被殖民主义统治，社会动荡不安，在金钱、物资和各种利益的诱惑下，人生观、价值观和错误思潮不断漫延，侵蚀着青年的灵魂，而崔琦却不为金钱利益所动，坚持自己的理想。正如崔琦所回忆的那样：自己当时就是对赚钱的兴趣不大，那时总觉得要做学问，想的就是在学问方面有点儿成就。[2]崔琦由于有了明确的学习目的，高中毕业时，以优异的成绩被美国奥古斯塔那学院录取。这所学校虽然不怎么著名，但能有机会去美国念大学，崔琦还是很高兴的。崔琦认为，进入奥古斯塔那学院，标志着攀登科学高峰、探索新世界的开始。崔琦的夫人崔琳达回忆："从开始求学的第一天，琦就刻苦攻读。他以极高的标准来严格要求自己，在学习过程中体现出持之以恒、诚恳忠厚、尊敬师长、谦虚谨慎等诸多优点。"[3]崔琦在这所大学里学的是数学专业。据崔琦回忆，在学习这门专业时，他刻苦努力，晚上常常到深夜，暑期还要打工挣生活费。他对学习抱有强烈的好奇心和热情，能在学习中体会到无穷的乐趣，具有透彻分析问题和解决问题的能力，能很容易地完成老师指定的作业，因而学习成绩非常突出，被同学称为"奇才"，一个"真正的智者"。由于勤奋刻苦，崔琦仅用三年时间就完成了四年的大学本科学业。1961 年，他从奥古斯塔那学院数学系毕业，以优异的成绩考入美国芝加哥大学物理系读研究生。

在芝加哥大学，崔琦在导师的指导、帮助下学到了许多物理知识和技能，对科学的探索更加专注和执著。在七年的时间里，崔琦顺利地通过了论文答辩，完成了硕士、博士和博士后的研究工作。这些成就的取得，为他攻克科学堡垒奠定了坚实的基础。他来到贝尔实验室以后，对自己钟爱的物理学研究专心致志、非常投入。由于创新思维活跃，与另外两位科学家因发现分数量子霍尔效应而获得 1998 年诺贝尔物理学奖。

崔琦从一个贫穷乡间的普通孩子成长为诺贝尔奖获得者，是他对科学不断探索、不懈追求、不断创新的结果。他深知，物理学是一门深奥的科学，是一个"其乐无穷的世界"，只有不断地探索，才能领会"挑战性"的乐趣。1982年，崔琦发现分数量子霍尔效应之后，便离开贝尔实验室，来到位于新泽西州中部的普林斯顿大学，任电子工程系教授。他认为，当一名物理教师不但能使自己的科学事业"青春常在"，而且能在教学中更充分地体现自身的价值。通过教学相长，使自己能够跟上科学的发展趋势。关于离开贝尔实验室来到普林斯顿大学当教师的缘由，崔琦曾在《崔琦自传》中写道："我的很多朋友和知名的同事都曾问我：'为什么要离开贝尔实验室到普林斯顿大学任教？'至今我还不知道怎样回答。这与我童年在家乡没有机会上学的经历有关？或许是孔子儒家思想的影响？当我独自静下来时，常有一隐约的声音响起：'求知问学是人生最有意义的事。'试问有什么能比通过教学来学习新知识更好的方法呢？"[4]崔琦在普林斯顿大学不但教学严格，而且身体力行，得到普林斯顿大学师生的广泛赞誉和钦佩。他在教书和指导研究生之余，仍执著于自己的科学研究事业，继续围绕分数量子霍尔效应进行深入的、多方面的研究。

崔琦能够在物理学领域取得辉煌的成就，有"学术研究的天赋"，其主要原因是他对求知具有无穷的乐趣。奥古斯塔那大学的一位数学教授回忆：崔琦的学习"能力极强，极少求助于人，总是很努力地去完成学业。在学习过程中他表现得十分出色而且兴趣盎然。我的学生中少有具备如此敏锐的分析能力的，也更少有人如此好学"。[5]

可是，在现实生活中，却有不少年轻人缺少这种求知乐趣。他们在生活中从不碰一下书本，每天只是过着简单的重复日子，就是吃饭、睡觉、玩耍等几件事。由于缺乏对求知的乐趣，他们百无聊赖，感到生活没有什么意思。这种单调乏味的生活怎么会有意思呢？一个人，只有精神生活丰富了，才会觉得生活绚丽多彩，充满阳光。

二、非独立思考不可

> 如果是做像我这样研究的，特别要自己领悟出每一个物理规律到底是什么意思，而不是光背或抄别人的。不能因为哪位名人说过或做过，就跟着照做，要自己去了解。
>
> 崔琦

每一位有过治学与研究经历的人，都有这样的体会：凡是经过自己的独立思考，经过一番努力，学到的知识才是牢固的；只有经过自己的独立思考，实事求是地研究学问，才会有新的收获、新的见解。这说明，在治学与研究中，独立思考的作用多么重要。古人早已说过："学而不思则罔，思而不学则殆。"书本上的东西是别人的，要把它变成自己的，离不开思考；书本上的知识是死的，要把它变为活的，为我所用，同样离不开思考。读书学习的过程，实际上是一个不断思考、认知的过程。思考是阅读的深化，是认知的必然，是把书读活的关键。如果只是机械地阅读，被动地接受，简单地浏览，没有思考，人云亦云，再好的知识也难以吸收和消化。爱因斯坦说："学习知识要善于思考、思考、再思考，我就是靠这个方法成为科学家的。"[6]

善于独立思考，是一切有成就的科学家治学的主要经验。记得1978年，全球75位诺贝尔奖得主在巴黎聚会，有个记者问其中一位："在您一生中，您认为最重要的东西是在哪所大学、哪个实验室里学到的呢？"这位白发苍苍的诺贝尔奖得主平静地回答："是在幼儿园。"记者感到非常惊奇，又问到："为什么是在幼儿园呢？您认为您在幼儿园里学到了什么呢？"那位诺贝尔奖得主微笑着回答说："在幼儿园我学会了很多。比如学习要多思考，要仔细观察大自然。"[7]当时，所有在场的人对这位诺贝尔奖得主的回答报以热烈的掌声。是的，一个人只有学会独立思考，养成独立思考的习惯，敢于走别人从未走过的路，才更有可能获得成功。

崔琦在青少年时代就聪明过人。在他出生的范庄村，至今还流传着崔琦"量地"的故事。崔琦十一二岁时，村里把他抽去跟着搞分地工作。无论是三角形、菱形、梯形地都难不住崔琦。当时有个叫崔安的老会计，故意找了一块号称"一杆旗"的地块（相当于不规则的三角形）为难他。那个老会计把各个边的数据一测出，崔琦立刻说出面积，并说得准确无误，惊得大伙直吐舌头。

崔琦上了高中，进入"特别班"以后，更注重独立思考。据"特别班"的同学黄卓然和张奋强回忆，崔琦在班里学习不但名列前茅，而且具有幽默感。他"思维敏锐、善于分析、见解独到，而且有着非常好的直觉，这些在当时与我们的接触中都表露无遗。和他接触过的人，无不对他的才智、友善和幽默留下深刻的印象。我们都喜欢和他交谈，向他讨教"。[8]

崔琦在美国芝加哥大学攻读物理学博士学位期间，他的博士生导师斯塔克教授看到崔琦很善于独立思考，对这位来自中国的研究生格外关照，认为他大有前途，便刻意培养他，让崔琦独自在实验室里记录和收集数据，由此训练他的独立工作和思考的能力。崔琦没有辜负导师的期望，他的独立工作和思考能力大大提高。当崔琦取得物理学博士学位并做了一年的博士后研究之后，于1968年来到了"发明工厂"——贝尔实验室，用创新型的思维来研究"分数量子霍尔效应"。

崔琦的治学经验表明，一个人只有独立思考，才能有新的发现。正像崔琦的夫人崔琳达所回忆的那样："琦天性就好质疑、探知更多的新事物，并尽力去解决难题，对任何事物他都是这样着迷。"[9]2001年9月，崔琦在接受《北京青年报》记者汤正宇的采访时指出："如果是做像我这样研究的，特别要自己领悟出每一个物理规律到底是什么意思，而不是光背或抄别人的。不能因为哪位名人说过或做过，就跟着照做，要自己去了解。我们以前传统文化比较注重背诵，我们100年前的考试都是八股文，做诗也是按照格式填进去，自己没有真正地了解，所以，我想一方面需要我们独立思考，另一方面又需要我们脚踏实地。"[10]

作为一位当代青年和科技工作者,要肩负着时代的使命,就应该勤奋学习,善于思考,做时代的强者。怎样进行独立思考呢?

一是要养成独立思考的习惯。在工作和生活中,不管遇到什么事情、什么问题,要用自己的思想来认识和分析事物,不要人云亦云,要有自己的见解,要有自己的分析,要有自己的判断。爱因斯坦说过:"最重要的事永远是培养普遍性的独立思考能力与判断力,而不是努力求取特殊的知识。"[11]

二是要有丰富的知识积累。没有丰富的知识体系的支持,一个人无法形成独立思考的能力。崔琦被班里的同学评为"思维敏锐、善于分析、见解独到"的人,其主要原因是他善于学习,他在学习中积累了大量物理学、数学和中国传统文化方面的知识,使他在实验物理学的研究过程中,达到了尽善尽美的程度。他主张,研究一门科学,不但要知其然,而且要知其所以然。由于崔琦对科学不断进行探索,他的思考能力也不断增强。

三是要培养质疑意识。崔琦说过,不能因为哪位名人说过做过就跟着照做,要自己去了解。不善于思考的人,大多数缺乏质疑意识。他们迷信书本,崇拜名人,认为凡是书本上写的,便是正确的,凡是前人说的便是真理。而能独立思考的人,对任何问题、任何事物都能问一个"为什么",并能很快地进入思考状态。他们懂得,只有疑问,才能激起探究的欲望;他们懂得,只有疑问,养成边读书边思考的习惯,治学才能取得成就。

三、做学问,请忘了那些诀窍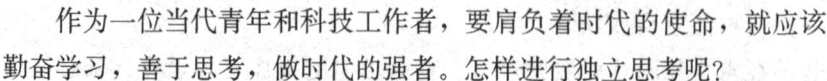

> 科学研究的路途上很多时是没有成果的,但只要你坚持下去,只要你跨进了某些门槛,成果是会以函数倍升的。
>
> 崔琦

治学，做科学研究，到底有没有诀窍？中国人民的伟大领袖毛泽东同志说过：读书治学没有什么捷径和不费力的窍门，但一定要珍惜时间。西方的一些导师也很少谈论治学的诀窍，主张治学无非是耐得住枯燥而已。这说明，什么诀窍也离不开个人的努力和勤奋，什么诀窍也离不开个人的恒心和毅力，什么诀窍也离不开孜孜不倦的愚公移山精神！因此，要取得治学的成功，请忘掉那些诀窍吧！做学问，搞科学研究，要取得一定的成就，别无他途，唯有日积月累地努力钻研，锲而不舍地努力奋斗。

治学需要有坚忍不拔的品质。历史上，凡是有成就的学者在治学上都具有这种品质。他们在科学探索中，能长期保持充沛的精力和毅力，具有坚持到底的决心，并具有与困难作斗争的顽强毅力。1999年12月7日，崔琦在与香港中文大学学生座谈时说，做学问也一样，科学研究是一种探险活动，最难的是不知什么是问题，不知如何开始，不知如何寻找解决方法，但只要坚持，研究往往会取得成果的，一时没有研究成果未必与个人的能力有关。但只要一心一意地、实实在在地干下去，终会有收获。如果做了几年研究仍未有成果，只要有兴趣，也应继续下去，因为物理学研究的困难和引人入胜之处，在于问题是前所未有的。只要坚持，就有可能经过一段时间的停滞后，突然获得快速的发展。他鼓励莘莘学子在治学遇到无法解决的疑难问题时，不要轻易放弃，应放松一下，然后重新振作起来，致力攻关，执著追求，终将实现目标。崔琦在回答学生的提问时，自始至终围绕着"坚持"两字。他指出："科学研究的路途上很多时是没有成果的，但只要你坚持下去，只要你跨进了某些门槛，成果是会以函数倍升的。"[12]他形容做研究如同跋山涉水，要有自信心，按着自己的兴趣摸索，才能闯出新路。崔琦在奥古斯塔那学院读书时，晚上常常学习到深夜。据崔琦的一位同学回忆：每当他深夜穿过宿舍大厅去喝咖啡时，总是发现崔琦穿着那件多年且已经磨损的毛衣坐在自己的桌子旁，一边喝茶，一边做作业，旁边还放着一本磨损得很厉害的英汉字典。[13]崔琦这种拼搏精神，来自于他内在的驱动力——要探索科学的奥秘，必须进行不懈的努力。崔琦在奥古斯塔那学院，正是依靠这种顽强的毅力，攻克了高等微积分，自修了多门物理学课程，为探索物理学的奥秘打下了坚实的基础。

崔琦在芝加哥大学时，也始终以坚忍不拔的毅力进行学习与研究。崔琦在芝加哥大学读书时，曾做过斯塔克导师的助手。他与斯塔克导师每天都要工作 16～18 小时，每周工作七天。时常还必须连续工作 24 小时。[14] 当时的低温实验室在一个没有窗子的地下室里，每当崔琦和他的导师离开实验室，回家的时候，发现外面的太阳已经高高升起，新的一天已经开始了。就这样，崔琦在导师斯塔克教授的带领下，连续苦干了 6 个月。据崔琦的导师斯塔克回忆，崔琦是唯一一位与斯塔克教授同甘苦、共患难，一起努力工作的学生。

崔琦在贝尔实验室的 14 年里，充分体现了他顽强拼搏的意志和坚忍不拔的毅力。他与 30 多位科学家合作，先后在《美国物理通报》、《固体物理通讯》、《应用物理通讯》、《物理评论快报》、《表面科学》等权威刊物上发表了 40 多篇论文，包括电子隧道效应、磁场量子化、隧道效应中的声子发射、低温条件下的量子霍尔效应等多方面内容。这些理论研究，为他取得重大发现奠定了坚实的基础。1982 年 2 月，崔琦和他的两位同事在前人研究的基础之上，经过深入的探索和对实验的改进，发现了"分数量子霍尔效应"。这是一个全新的重大发现，引起了当时许多物理学家的关注，并由此开辟了物理学研究的新领域。1998 年 10 月，崔琦因发现分数量子霍尔效应与另外两位科学家一起分享了该年度诺贝尔物理学奖的殊荣。

崔琦在治学和科学研究方面能取得如此辉煌的成就，成为 20 世纪著名的物理学家，其主要原因，是他具有坚忍不拔的毅力和品质。这种毅力和品质，伴随着他的一生，每当他在治学和研究中遇到困难，他始终以顽强的毅力追根到底，绝不半途而废。崔琦在治学上，一直强调"只问耕耘，不问收获"的态度，这是当代中国知识分子少有的。当前，有些青年学生和青年科技工作者刚刚进入治学与科研的大门，没有想到治学要付出艰辛的努力，就想到未来能获得什么样的奖励和荣誉，这种想法是不可取的。

四、大智慧，很简单

> 自己并无任何的特质，只是对自己所研究范围之内的东西懂得一点点，在其他很多地方的认识甚至还比不上在座的大学生们。
>
> 崔琦

蒙古族有一句谚语："宽阔的河流平静，知识渊博者谦虚。"[15]我国著名学者、国学大师、北京大学资深教授季羡林精通12国语言，是中国东方学研究的一代宗师，曾担任多项学术职务，名扬海内外，他那谦虚的美德更让人称颂。他对国人给他的"国学大师"、"学界泰斗"、"国宝"这三项桂冠主动请辞。他曾在《病榻杂记》中廓清了他是如何看待这些年外界"加"在自己头上的桂冠的。他说："三项桂冠一摘，还了我一个自由自在身。身上的泡沫洗掉了，露了真面目，皆大欢喜。"[16]季羡林教授这种谦虚，是治学的大智慧，是杰出人才具有的崇高美德。

崔琦也具有这种治学的大智慧。这种大智慧，其实也很简单，就是把自己取得的成就看得平淡一些，不要以此傲人，不要沾沾自喜，更不要盛气凌人，要以一种谦恭的态度对待人和事，对待科学，对待自己。

崔琦在同事、友人和学生眼中，是一位治学严谨、生活简朴、为人谦虚的学者。1998年10月3日，当他从收音机的新闻报道中得知自己获得了全球最高科学奖——诺贝尔物理学奖的消息后，仍然按照原先的安排，到医院接受验血，也没有把此消息告诉正在旅行的太太和两个女儿。当时，他所执教的普林斯顿大学电机系准备为他举行专门的记者招待会，向他表示祝贺，却不见他的人影。后来有人发现他还像往常一样在实验室工作，大家才算松了一口气。以致校方为获奖者举行的记者招待会不得不推迟举行。在记者招待会上,他回答询问的话语不多,只有三分钟,回答时总是面带微笑。他说:"我们的生命中有许多美好的事物,这只是自己一生中遇到的许多美好事物中的一件,应心存感激。"[17]他在回答记者的提问时,既没有意志风发的动作,也无慷慨激昂的语调,只是谦虚地表示要感谢普林斯顿大学和自己当年工作过的贝尔实验室,并深情地谈到同事间毫无保留的合作与友谊丰富了自己的生活,使他的生活更有意义。

1999年12月,崔琦教授在香港中文大学访问,当谈及自己的获奖成就时,他谦虚地说,这是命运使然,自己并无任何的特别,只是对自己所研究的范围之内的东西懂得一点点,在其他很多方面的认识甚至还比不上在座的大学生们。[18]这种谦虚的品德使所有在场的人对他肃然起敬。2009年9月4日,崔琦在中国科学技术大学与学生进行面对面的交流,当有学生问一些奇怪的问题时,崔琦则笑答:"这样的问题就不用回答了,我只是个学物理的学生。"[19]崔琦这种谦虚、质朴的语言给大学生们留下了极其深刻的印象。

崔琦这种谦虚的品德来自于中西方文化的共同影响。少年时代的崔琦就熟读四书、五经,使他懂得了真善美的高贵,明白了谦虚、诚实、与人为善是做人的最大美德,也是做学问的大智慧。正像他的太太崔琳达所说:崔琦"在学习过程中体现出持之以恒、诚恳忠厚、尊敬师长、谦虚谨慎等诸多优点。除了具备这些中国传统的美德外,琦还有一些其他方面的长处,也正是这些长处,让我在刚认识他时就对他这个人印象比较深刻,并在1964年我最终嫁给了他"。[20]1998年12月12日,崔琦在中国驻瑞典大使馆举行的座谈会上,也曾谈到过中国传统文化对自己的治学与为人之道的深刻影响。除了谦虚、诚实、与人为善之外,还要在相信自己的同时,也相信别人。只有向别人敞开你的胸怀,才能赢得别人的信任和帮助。否则,就不能建立良好的人际关系,进而陷入孤立。

崔琦到美国读书时,接受了良好的大学教育和世界一流实验室的培训,使他养成了在治学上精益求精、在科研上孜孜以求的精神。芝加哥大学以一流的科研和教学为基础,以培养高水平的研究生为特色而闻名于世，先后有 69 人获得诺贝尔奖。崔琦进入这所大学，在导师斯塔克教授的指导下，进一步提高了科学洞察力和对问题的深入理解能力，使他认识到，作为一名物理学家，不但要对自己和同事诚实，而且还要对自然诚实。对于一名实验物理学家来说，对自然诚实，其主要表现是乐于接受自然界所提供的与科学期望相矛盾的证据。要做到这一点，就要求用一种谦卑的心态去倾听和服从大自然的呼声。对于许多科学家而言，在自然界面前保持谦卑都是不容易做到的，而崔琦做到了。他的治学成就和对科学的谦卑态度，特别是他那诚实的品格受到斯塔克教授和同事们的高度赞赏。崔琦教授的这些谦虚品德，为他发现分数量子霍尔效应创造了良好的条件。

五、自信的妙用

> 做任何事都有困难，但要有自信心去克服，自信心是从经验中汲取的，就如学走路一样，学习也是如此，在小事上有成功，便会有信心。
>
> 崔琦

自信心是一个想成功的人必备的心理品质。自信心对于一个人来说是十分重要的，它是一个人的精神支柱，也是一个人行为的内在动力。一个人，一旦有了充足的自信心，就可能产生强大的内驱力，燃起智慧的火花，最终走向成功。生物学家达尔文小时候学习成绩不如妹妹，老师和父亲都说他是一个"十分平庸的孩子"。可是，达尔文并不气馁，而是更加坚定地朝着他自己选定的目标前进，不辞辛苦地进行了为期五年的环球旅行考察，收集了大量的生物和地质方面的资料，后来又经过 20 年的分析、综合和研究，终于写出了具有划时代意义的伟大著作《物种起源》，打破了物种不变的陈旧观念，使《圣经》上说的"上帝创造万物"的神话彻底破产。

2001年9月27日,《北京青年报》记者汤正宇在美国采访崔琦时,问道:"对于中国年轻一代,您觉得自己的人生经验有什么可以分享。"崔琦回答说:我个人比较相信"信"、"望"、"爱"三个字,也就是说要有信心、有爱心、有希望。我愿意告诉年轻人的是,要有信心,要相信自己的能力,相信自己能做事情。这两句话,是崔琦进行科学研究的成功经验。

崔琦出身一个贫寒的农民家庭,由于家境贫寒,早年他与三个姐姐为了谋生,便来到香港地区。在香港地区,他靠助学金读完了中学,又靠公费赴美深造。在大学期间,他勤奋学习,善于思考,对自己未来的选择已"胸有成竹"。当他得知,杨振宁和李政道都曾在美国著名的芝加哥大学读过书时,他更加坚定了去芝加哥大学的信心,他决心以杨振宁和李政道为楷模,去实现自己"人生最理想的旅程"。崔琦凭借自信心的驱动和坚忍不拔的努力拼搏,终于实现了自己的理想,走进美国芝加哥大学物理系攻读硕士研究生。

在读研究生期间,当有人说中国人不擅长实验物理时,更激发了崔琦致力于实验物理的决心。崔琦从进入芝加哥大学开始,就专心于实验物理的研究,即便是在研究工作遇到困难和暂时无重大成果时,他也从未想过转行干其他工作。他认为,困难是暂时的,只要坚持不懈,就一定能取得成功。崔琦在芝加哥大学不仅学到了知识和技能,而且自信心也在探索过程中不断增强。

每当回忆这段往事,崔琦就深有感触地说:"做科学研究,最重要的是信心、耐力及正确提出问题的能力。切忌急功近利,未耕耘已想到收获。"[21] 1999年12月,崔琦在香港地区的一所大学访问时,又明确地指出,对于一个科研人员来说,除了不畏艰险、不怕枯燥、敢于探索和勇于创新之外,还应有非常重要的一点,那就是自信心,做自己认为正确的事情。他通过30多年与理科学生的教学接触,认为在中国长大的学生比较缺乏自信,而且往往想知道会有什么收获才做。相对来说,欧洲的学生较有自信心和冒险精神,只要认为很有意思、很好、很有挑战性,就会切切实实地去做。他希望中国学生要改进这方面的问题,认认真真、踏踏实实地去做好每一件事情,使自己的自信心不断增强。

1999年12月16日,崔琦访问培正中学,与母校师生交流,当谈及自己的求学心得时,他勉励学生凡事要有自信心,并要克服困难。他说:"做任何事都有困难,但要有自信心去克服,自信心是从经验中汲取的,就如学走路一样,学习也是如此,在小事上有成功,便会有自信心。"[22]他的一番肺腑之言,赢得了师生的掌声。他还以自己为例,叙述了自己12岁到香港地区时,是如何克服语言关和繁体字关的。在交流会上,崔琦还阐述了具有自信心对克服困难,进行科学研究的重要性。崔琦之所以对中国学生强调自信心的作用,是因为自信心是一个人成功的重要因素,它能使一个人获得勇气和力量去继续奋斗。

崔琦从少年时代开始,就具有自信心,随着年龄的增长,阅历的丰富和知识的增多,他的自信心也随着不断增强。他是如何增强自信心的呢?崔琦教授在各种不同场合谈了这方面的问题,总结起来,有以下几个方面。

第一,从小事做起。崔琦说过,在小事上有成功,便会有自信心。所以,他教导青年大学生要勇于尝试,先从小的、简单的着手,等逐渐有成就再进行大的尝试。这是一条基本经验。一个人第一次行动获得成功,就会增强自信心。如果这样一步一步地成功做下去,自信心就会不断增强,就能为做大事业打下良好的基础。

第二,不迷信权威。一次,崔琦在与大学生面对面交流时说,青年学生要有自信心,不要畏惧权威,也不要迷信权威。其实,权威也是普通的人,他只不过是经过一段时期的潜心钻研后,才成为某个领域有所建树的专家。然而,他仍然是人,不可能不出现错误。迷信权威的人往往都是因为不够自信。所以,把你对权威的怀疑说出来,不要被权威的光环吓倒,这样,你才会离真理更近一步。

第三,要坚持到底。崔琦说过,科学研究是一项探索性的活动,但坚持研究,才会取得成果,一时没有研究成果未必与个人的能力有关。这里,崔琦说的是一项科学研究需要长期坚持,自信心在其中起很大的作用。只有认定目标,相信自己,才能知难而进,取得成功。在科学的探索中,对别人提出的一些有建设性的批评意见,要虚心接受、好好反省；对一些人的恶意抨击、讽刺挖苦，你大可不必理会。

六、远古的驱动力

> 搞物理科学的确很有意思，这一点我同意。说到研究方面，很明显我所做的工作并不枯燥，总是有一些有趣的事或新奇的事物。对于其他人而言可能枯燥，但对于研究者而言总是有新的发现，所以绝不会枯燥。
>
> 崔琦

好奇心是人类的天性。人们在认识世界时，开始对许多事物都不知道、不理解，于是便引起了好奇，有了好奇，才会去探索、去研究、去创新，才会有科学的发明和创造。所以，好奇心是科学创造的起点，是一种远古的驱动力。

剑桥大学流传着这样一个故事。有一天，罗素和大哲学家穆尔聊天，罗素问穆尔："谁是你最好的学生？"穆尔毫不犹豫地说："维特根斯坦。""为什么？""因为在我的所有学生中，只有他一个人会在听课时露出迷惑不解的神色。每当我结束讲课时，他总是准备好了一大堆问题来向我请教。"罗素也是个大哲学家，后来维特根斯坦在哲学上所取得的成就超过了他。当有人探究其中的原因时，维特根斯坦说："这是由于他不再有好奇心来问问题了。"这个故事告诉我们，一个人如果没有了好奇心，他很可能就从顶峰跌落下来，开始落伍了。

翻开世界百年诺贝尔奖科学史就会发现，每一项重大的发现、发明和创造，无不是科学家在强烈的好奇心驱使下完成的。那些诺贝尔科学奖的得主们对自然界，对科学原理，对未知领域都有强烈的好奇心和浓厚的兴趣。他们懂得，好奇心是人类创新精神的渊源，是激发科学研究兴趣的动力，是解开自然之谜的一把钥匙。在科学研究中如果没有好奇心，就没有研究的激情，因为科学始于问题，问题源于好奇。对于科学家来说，对科学有好奇心是研究工作最重要的条件。崔琦认为，科学研究是一项"充满乐趣，挑战性强的"工作，做科学研究"必须常有好奇心"。一次，一位电视台记者采访崔琦，当问到研究物理学是枯燥还是有意思时，崔琦这样回答说："搞物理科学的确很有意思，这一点我同意。说到研究方面，很明显我所做的工作并不枯燥，总是有一些有趣的事或新奇的事物。对于其他人而言可能枯燥，但对于研究者而言总是有新的发现，所以绝不会枯燥。"[23]

　　崔琦的夫人崔琳达对崔琦从事科学研究的好奇心也作过评价。崔琳达在一篇回忆丈夫的文章中说："琦天性就好质疑、探知更多的新事物，并尽力去解决难题，对任何事物他都是这样着迷。由于琦很爱看《基督科学箴言报》的环球新闻报道，因此自人研究生院之后，我们就开始订阅这份报纸。在我们家，饭厅里还放了一本字典，这是为了在吃饭的时候，我们可以随时停下来查阅某个单词在某篇文章中的准确意思。大自然、神学、艺术、音乐、政治，甚至烹饪，等等，都曾经是他的兴趣之所在。"[24]

　　崔琦的好奇心，不但体现在日常生活中，更体现在他的科学研究中。分数量子霍尔效应的发现，就是他与同事在前人研究的基础上，对这一问题产生好奇后经过深入的研究和对实验的改进而完成的。在这方面，崔琦与他人合作共完成 60 多篇论文，并在权威刊物上发表。当时，霍尔效应在近代导电现象的研究中，特别对于半导体研究是不可或缺的。它不仅提供了一种测量各种材料中的电荷载流子密度的简单办法，而且也成为测量半导体是电子型还是空穴型的标准方法。这一发现引起了当时许多物理学家的关注，并由此开辟了物理学研究的新领域。在霍尔效应发现 100 年之后，1980 年德国物理学家冯·克利青（Kiaus von Klitzing）从金属-氧化物-半导体场效应晶体管中发现了量子霍尔效应。崔琦得知这个信息后，想用贝尔实验室的新半导体材料和性能优越的设备实验一下，以便了解其情况究竟如何。从此，他与同事开始致力于这一问题的研究。1981 年，崔琦和他的同事在较低的磁场下观察到了冯·克利青先前曾发现的量子霍尔效应；1982 年，崔琦和施特默在实验室中把半导体晶片砷化铝镓和砷氯化镓压在一起，卷成"三明治"形状，然后把这两种材料样品放于约－273℃的超低温环境中进行实验,从而出现了一种新的"量子流体",科学家把这种现象称为分数量子霍尔效应。

七、从实验室的"规矩"学起

> 斯塔克(崔琦的导师)很信任并鼓励我,在他的实验室里尽管放手去做任何我想做的实验。这使我有从基础开始学习的最好机会。包括从设计、机械、制图、焊接、操作机床开始,直到构建我们的实验室装置。
>
> 崔琦

作为一名科研人员,尤其是从事实验工作的科研人员,如何取得创造性的成就呢?崔琦认为,从事科学实验,"首先要打好基础,掌握基本知识"。[25]这是崔琦从实践中总结出来的一条成功规律。打好基础不仅指理论研究,也包括实验研究,因此,科学实验更要强调基础。这是因为,科学实验是科学理论的重要来源之一,也是产生科学理论的重要基础。但是,要进行科学实验,必须从基础开始,这是进行科学研究必须遵循的一个规律。崔琦深知这一道理。一次,崔琦在与台湾成功大学电机资讯学院师生座谈时,一个学生提问:"做研究有没有妙方?"崔琦说,研究是没有妙方的,最重要的是打好基础。崔琦在芝加哥大学时,与罗亚尔·斯塔克(Royal wstark)教授接触,经过他的认真指导,明白了从事科学实验要从基础开始的道理。他在《崔琦自传》中说:"斯塔克很信任并鼓励我,在他的实验室里尽管放手去做任何我想做的实验。这使我有从基础开始学习的最好机会。包括从设计、机械、制图、焊接、操作机床开始,直到构建我们的实验室装置。"[26]这是崔琦在实验中得出的一条重要经验。他认为,一个研究人员只有具备较宽的知识面,同时又是某方面的专才,只有掌握系统的实验技术理论,并经过严格的实验技能训练,只有参与或进行独立的设计、加工制作及调试实验装置,才能完成实验任务,才能成为一名合格的科学研究人员,才能攀登上科学的巅峰。

从事科学实验是一项细活。它的基础工作非常重要,它需要了解一些先进的使用工具,掌握一些先进的使用技巧,熟悉一些先进设备的性能和作用。可是,在科学实验中,一些青年科技工作者往往有一种急于求成的功利思想,使他们对实验的规律缺乏正确的认识,热衷于"立竿见影",有时对实验数据也不那么认真,胡乱编造,这种实验不是真正的实验,也不是真正的科学研究,是弄虚作假,是对科学的践踏。

在芝加哥大学,崔琦教授从事实验研究,是从学会使用螺丝刀开始的。起初,崔琦连简单的工具都不会使用,但由于认识到实验基础的重要性,崔琦很快熟悉了实验室中相关工具的使用技巧和功能。几个月内,崔琦就很快地熟识了实验室的各种装置。每当斯塔克回家吃饭时,他总是让崔琦自己在实验室里记录和收集数据,崔琦学到很多实验知识和技能,变得更加自信和专注,从未想过做其他东西。当时,在别人眼里徒劳无功的事,崔琦偏偏感兴趣,总是要亲自试验,眼见为实,并从中提出个人的独到见解。他常常根据自己的新想法去制作实验仪器,也常常亲自设计新颖的实验方案。分数量子霍尔效应的发现,就是他的许多新想法中最为重要和令人惊奇的一个。

崔琦还认为,搞科学实验应从基础开始,基础从观察起步。观察是一项有计划、有目的、较持久的认识活动,是人们认识事物、获取知识的一个重要途径。科学研究要获得实验数据,就必须不断地通过观察和深入思考。观察不仅能获得大量的感性材料,为科学实验提供翔实的科学事实,而且可以直接导致科学技术的重大发现。翻开科学史就会发现,许多取得成功的科学家大都具备优良的观察力。意大利科学家伽利略从观察教堂的铜吊灯开始,通过铜吊灯的摇曳现象发现了钟摆的定时定律。我国明代名医李时珍幼年就爱观察各种花卉和药草的生长,使他发现了以前关于药物的不正确的观点,并进行了纠正,写出了流传百世的《本草纲目》。

崔琦就非常重视观察。他认为,观察在科学研究中不仅是获得成功的前提和基础,而且还是培养、训练人的思维能力的有效活动方式。崔琦在普林斯顿大学指导的第一个物理学博士后、研究员张锦福回忆："他（指崔琦）一直坚持实验观察的客观性，并强调必须严格掌握试验方法，并以此作为科学研究工作的坚实基础。我记得他多次提醒我，针对一个自然现象，首先必须作严格准备的实验观测，然后才可以争取模型式的理论了解。"[27]崔琦始终强调观察是良好的实验科学的基础，在作出实验之前必须以实验事实为依据。只有这样，才能系统地、全面地、如实地察看自然事物，记录客观事实；才能揭示自然事物和自然现象的本质和规律，从而推动对科学的认识，产生新的飞跃。

八、全情投入

> 搞物理研究非常枯燥，不容易出成果，但只要投入，就会兴趣盎然。
>
> 崔琦

一个人的精力是有限的，把精力分散在好几件事情上，是不明智的，也是不切实际的。可是在生活中，很多时候，人们都很难静下心来做一件事情。但是也常有这样的事情发生：有的人看起来很平常，没有什么过人的地方，但是他们能专注地做一件事情，无论遇到什么困难都不会退缩，最后在自己的专业领域里取得了杰出的成就，让人们刮目相看。与此相反，有的人表面看来才华横溢，而且智力出众，由于精力分散过多，最终却只是表现平平，没有什么成就。

科学研究是一种复杂的探索性活动，科学家在研究过程中必须具备坚毅的品质，做到精力集中，把整个身心投入进去，只有这样，才能取得丰硕的科研成果。崔琦就是把全部身心都投入到科学研究的一位著名科学家。崔琦的许多朋友都评价他"投入物理研究时，身旁其他的事，很少理会"。[28]他自己也说过："搞物理研究非常枯燥，不容易出成果，但只要投入，就会兴趣盎然。"[29]

1967年，崔琦到美国芝加哥大学读书时，师从斯塔克教授。斯塔克教授风趣的物理教学风格及广博的物理学知识，对崔琦产生了深刻的影响，使崔琦对物理学产生了特别的喜好，并开始对物理研究投入更多的精力。崔琦常常吃完晚饭后又回到学校工作，埋头于那其乐无穷的物理学研究，一周在实验室里工作70多个小时是常有的事。崔琦的导师斯塔克教授回忆与崔琦一起进行科学研究时说："在芝加哥的那几年是很紧张的，我们每天工作16～17个小时，每周一连工作7天，连续数周不停，有时甚至夜以继日地工作。我们的低温实验室设在没有窗户的地下室，当我们以为是夜里离开实验室回家的时候，往往会吃惊地发现太阳已经高高升起，原来新的一天早已来临。我们能够这样地苦干3～6个月，累垮了，就休息一星期再回去继续工作。而你（指崔琦）是唯一能够可以与我时时刻刻并肩奋斗、努力干事的学生。"[30]有一次，斯塔克和崔琦为了获得德哈斯-范阿尔效应的千震荡及相关有意义的重要结果，曾反复进行了30多次的实验，每天工作16～18个小时，周末也从来没有休息过。尽管这些研究工作是高节奏、满负荷的，经常把他俩累得精疲力竭，但都有着重大的研究价值和深远的历史意义，特别是二维电子气体在锞晶体表面的反转层中的特性的研究，为崔琦日后摘取诺贝尔奖桂冠奠定了坚实的基础。

　　崔琦到贝尔实验室以后，跟随斯塔克教授学习实验物理，并决心投身于物理学的研究与探索之中。崔琦从1980年开始，和同事们全力以赴，致力于量子霍尔效应的研究。为了找到一个强磁场进行自己的"量子液体实验"，他不惜四处奔走，走遍波士顿及佛罗里达州。他一工作起来总是全神贯注，很少理会身边的其他事情，使他的研究工作总是以高效率取得进展。他的实验水平高超，以致复杂的实验在他看来不过是一场有趣的游戏，是一件让人兴趣盎然、无限投入的事情。在他看来，随心所欲地设计新模型、制造出一些用钱都买不到的新产品，那种满足感难以言表。1982年，崔琦和施特默教授经过多次探索和研究，发现了分数量子霍尔效应，关于这一发现的意义，崔琦认为："至于如何应用这个新理论现在还不清楚，但它是客观存在的，它揭示电子的一种全新特性，目前主要还是在思维方面有更多的价值，主要是为人们开辟了一条新的思路。"[31]

崔琦到普林斯顿大学以后，总是全力以赴地从事自己的教学和科研工作。一位曾经就读于普林斯顿大学电机研究所的学生说，崔琦是他当时的指导老师。在崔琦实验室的四年半学习过程中，崔琦对物理学的执著给他留下了难忘的印象。他对物理学现象有着敏锐的洞察力，一旦特殊现象出现，就要追根究底，身体力行，他常带着学生们制作许多实验仪器，并时常与学生们一起讨论问题直到很晚。[32] 崔琦这种对物理学全身心投入的探索精神不但为学生树立了榜样，也为广大科技工作者树立了典范。

当前，在科技和教育领域，一些搞科研的人缺乏这种全情投入和深入探索的精神。有的人面对当前的浮躁和功利现象，采取投机取巧的办法，想方设法快出成果，就是为了捞到好处。为了评估和快出成果，一本30万字的学术著作，东抄西抄，甚至整页地抄袭别人的劳动成果，从起草到出版，只用30天。30天能写出什么样质量的学术著作呢？这样的学术著作又有什么价值呢？这种功利主义的科学价值观与科学研究是格格不入的。

科学探索是一项艰苦的脑力劳动，它需要付出大量的心血，需要全身心投入，需要集中精力专注一项工作。因此，有志于进行科学探索的青年科技工作者要拿出全部精力，全情投入科研工作中，只有这样，才能取得丰硕的成果，才能为祖国的科学事业作出贡献。

九、"成功"不过是身外之物

> 不必把它（诺贝尔奖）看得太认真，生活依然继续，我也将像往常一样在普林斯顿大学教书，埋头于物理学研究，因为那是一个令我感到其乐无穷的世界。
>
> 崔琦

崔琦获得诺贝尔物理学奖的消息传出后，在他工作的普林斯顿大学立刻引起巨大轰动。他成为该校在物理学领域的第 18 位获奖者，也是工程与应用科学学院中首位诺贝尔科学奖得主。对此，该院院长詹姆斯·韦非常骄傲地说："现在我们终于有了这么一位。"为此，普林斯顿大学为他专门举行了庆祝会。而对师生的热烈祝贺，他只是微笑着点头道谢，感谢学校及同事们的支持与帮助。当记者招待会临近开始时，却不见他的人影，校方派人到处找他，当发现他还像往常一样在实验室工作时，大家才算松了一口气。最后，他几乎是被校方逼着走上记者招待会的讲台的。

在记者招待会上，崔琦以一身平日的装扮出现：浅色的衬衫外加深色的长袖毛衣，深色的西装裤，未打领带，头发也未有特别梳理，皮鞋也未特别擦亮。对于他来说，得奖并不多么重要，也没有什么特别的，因为他看重的是耕耘，而不是最终的收获。当有人问及他得知获奖的消息有何感想时，他笑着说："不必把它看得太认真，生活依然继续，我也将像往常一样在普林斯顿大学教书，埋头于物理学研究，因为那是一个令我感到其乐无穷的世界"。[33]当有人问他此话怎样理解时，他说："得到这个奖我很荣幸，也很高兴。我认为自己的工作得到了肯定，但这并不是最重要的。我研究物理几十年，也从来未把获奖当做自己的奋斗目标。"[34]他还幽默地说："能从事一项既有趣、又富有挑战性的工作，我很幸运，现在看来这项工作还能赚到钱。"[35]

在整个记者招待会上，崔琦回答记者和同事们的提问所占用的时间，加起来也不过三分钟。这与他在实验室里说起自己的科研项目时的那种侃侃而谈的表现真是判若两人，他那东方式的谦虚和一颗平常心给所有人留下了深刻的印象。同在普林斯顿大学电机工程系任教的华人教授刘必治形容崔琦是一位典型的绅士。他说，崔琦的学术成就虽然了不起，但他从不以此傲人，"所有认识他的人都认为他是一个谦虚的好人"。[36]因此，崔琦在普林斯顿大学的师生中有着很高的威望。

崔琦尤为喜欢的格言就是："只问耕耘，不问收获。"崔琦懂得，在科学研究中，失败是经常发生的事情。它不像农民种地，要耕耘就必须想着收获。科学研究是一项极其复杂的事情，人们正确认识自然规律的道路不可能是笔直的。一个科学工作者如果经不起失败的考验，他就不具备从事科学研究的基本素质。很多科学家都是辛辛苦苦为别人搭桥铺路的。崔琦在走上科学研究的道路时，早就做好了思想准备，把成功与荣誉置之度外。

崔琦把"成功"视为身外之物，实际上是对"只问耕耘，不问收获"的一种注解。可是，在我国的科研领域，一些年轻的科技工作者在科研中总是把"收获"放在前面，把"耕耘"放在后边。在研究一项课题时，总是先问这项课题是否能获奖，是否能获得一笔科研经费，是否能取得经济效益，至于如何攻克课题难关，如何克服研究中的各种困难，如何以坚忍的品质去完成课题则考虑得较少，这种把"成功"看得太重的"科技工作者"怎么能取得科学上的重大突破呢？作为青年学生和年轻的科技工作者，应该像崔琦那样，把"耕耘"看得重一些，把"收获"看得轻一些，只有这样，才可能在科学的道路上取得成就。

参考文献

[1] 许良. 宁静致远——崔琦教授的科学风采. 上海：上海科技教育出版社，2002：31.

[2] 许良. 宁静致远——崔琦教授的科学风采. 上海：上海科技教育出版社，2002：28.

[3] 黄卓然，卢遂业，卢遂现. 求知乐——崔琦教授的诺贝尔奖之路. 北京：科学出版社，2004：34-35.

[4] 黄卓然，卢遂业，卢遂现. 求知乐——崔琦教授的诺贝尔奖之路. 北京：科学出版社，2004：3.

[5] 黄卓然，卢遂业，卢遂现. 求知乐——崔琦教授的诺贝尔奖之路. 北京：科学出版社，2004：127.

[6] 成思良. 科学家、艺术家、文学家千言箴言精选. 太原：山西人民出版社，1991：59.

[7] 顾家山. 诺贝尔科学奖与科学精神. 北京：中国科学技术大学出版社，2009：117.

[8] 黄卓然，卢遂业，卢遂现. 求知乐——崔琦教授的诺贝尔奖之路. 北京：科学出版社，2004：97.

[9] 黄卓然，卢遂业，卢遂现. 求知乐——崔琦教授的诺贝尔奖之路. 北京：

科学出版社,2004:35-36.

[10] 汤正宇.崔琦:华裔诺贝尔守望者.北京:文化艺术出版社,2002:38.

[11] 约翰·霍姆斯,杰瑞·梅尔.爱因斯坦的智慧.田倩译.北京:华夏出版社,2003:107.

[12] 梅显仁.第六位获诺贝尔奖的华人科学家崔琦.http://www.gmw.cn/lgmrb.2008-07-29.

[13] 杨建邺,肖明.荣耀中华——诺贝尔奖华裔科学家传.武汉:武汉出版社,2008:249.

[14] 许良.宁静致远——崔琦教授的科学风采.上海:上海科技教育出版社,2002:57.

[15] 薛梦得.中外比喻词典(上).北京:中国物资出版社,1986:432.

[16] 张宝胜.季羡林:一生谦虚谨慎,曾欲辞"三项桂冠".http://www.baike.baidu.com/v.2012-3-22.

[17] 许良.宁静致远——崔琦教授的科学风采.上海:上海科技教育出版社,2002:151.

[18] 许良.宁静致远——崔琦教授的科学风采.上海:上海科技教育出版社,2002:152.

[19] 郭如琦."我只是个学物理的学生".江淮晨报,2009-09-05,第2版.

[20] 黄卓然,卢遂业,卢遂现.求知乐——崔琦教授的诺贝尔奖之路.北京:科学出版社,2004:35.

[21] 刘淑君.崔琦访成大.电机(香港),1999,(12):1.

[22] 许素娟.重访母校.http://www.puing.edu.hk/sohoole vent.1999-12-17.

[23] 杨澜,崔琦.他从田边走来——访诺贝尔奖得主崔琦.文汇报,1999-04-05,第9版.

[24] 黄卓然,卢遂业,卢遂现.求知乐——崔琦教授的诺贝尔奖之路.北京:科学出版社,2004:35-36.

[25] 刘淑君.崔琦访成大.电机(香港),1999,(12):1.

[26] 黄卓然,卢遂业,卢遂现.求知乐——崔琦教授的诺贝尔奖之路.北京:科学出版社,2004:3.

[27] 黄卓然,卢遂业,卢遂现.求知乐——崔琦教授的诺贝尔奖之路.北京:科学出版社,2004:206.

[28] 谭晓明.诺贝尔奖获得者的学习方法.北京:石油工业出版社,

1999：145.

[29] 吴平，章念生. 崔琦谈治学为人之道（通讯）. 人民日报，1998-12-21，第7版.

[30] 谭晓明. 诺贝尔奖获得者的学习方法. 北京：石油工业出版社，1999：155-156.

[31] 许良. 宁静致远——崔琦教授的科学风采. 上海：上海科技教育出版社，2002：80.

[32] 许良. 宁静致远——崔琦教授的科学风采. 上海：上海科技教育出版社，2002：119.

[33] 许良. 宁静致远——崔琦教授的科学风采. 上海：上海科技教育出版社，2002：151.

[34] 王恒，朱幼文. 48位诺贝尔科学奖获得者寄语中国. 海口：海南出版社，2001：491.

[35] 姜岩，颜亮. 世界华人的又一骄傲——记今年诺贝尔物理学奖得主美籍华人崔琦. 中国青年报，1998-10-17，第2版.

[36] 石河. 崔琦获得诺贝尔物理学奖之后. 光明日报，1998-10-16，第2版.

第六章

色彩大师：钱永健

钱永健，1952年2月1日出生于美国纽约，祖籍中国浙江杭州，是中国"导弹之父"钱学森的堂侄，当代著名的生物化学家。1968年，正在读高中的钱永健以"金属如何与硫氰酸结合"为题进行研究，获美国西屋科学天才奖，后被选送到哈佛大学读书；1972年毕业于哈佛大学化学与物理专业，获学士学位；1977年获剑桥大学生理学博士学位，同时进入博士后科研流动站从事科学研究；1981年，钱永健来到加利福尼亚大学伯克利分校工作，受聘为大学教授；1989年，担任加利福尼亚大学圣地亚哥分校化学与生物化学教授。1995年，钱永健当选为美国国家医学研究院院士，1998年当选为美国国家科学院院士和美国艺术与科学院院士。

钱永健获得许多重要奖项：1991年获帕萨诺基金青年科学家奖；1995年获比利时阿图瓦-巴耶-拉图尔健康奖；1995年获盖尔德纳基金国际奖和美国心脏学会基础研究奖；2002年获美国化学学会创新奖和荷兰皇家科学院海内生物化学与生物物理奖；2004年获以色列沃尔夫医学奖；2008年获诺贝尔化学奖。钱永健还拥有60多项美国专利发明。

钱永健的主要贡献如下：一是发明钙染料。钱永健利用化学技术发明出有机染料，与钙质结合，从而检测钙离子的浓度并追踪细胞内的钙水平。二是对绿色荧光蛋白作用机制进行阐明和改进，使荧光蛋白质的实用范围大大拓宽，在细胞生物学及神经生物学方面作出了革命性的贡献。

钱永健公开发表的文章有100余篇，但是其引文量却是普通科学家引文的30～50倍。他的一篇综述性论文 *The Green Fluorescent Protein* 就被引用高达1987次，他的另一篇论文 *A New Generation of CA-2+ Indicators with Greatly Improved Fluorescence Properties* 被引用高达17 700次，受到科学界的普遍欢迎。

第六章 色彩大师：钱永健

一、精英家庭育精英

> 我猜测我从事科学研究和我们家的背景有关。我们家出了好几个有名的工程师。
>
> 钱永健

良好的家庭环境为培养精英人才创造了有利条件，尤其是一个人才辈出的家庭，对人才的培养具有更重要的影响。著名的居里夫人一家共有四人五次获得诺贝尔奖，让人无不为之震惊！其实，在震惊之余，我们思考一下，这样的家庭在中国也存在。被中国人民和海外同胞羡慕的钱氏家族，就是一个人才辈出的家族。这个家族不断涌现各类精英：有诺贝尔奖得主，有著名的外交家，有著名的国学大师，有全国政协副主席。据统计，在新中国担任国家领导职务的钱氏后裔有六位，在海内外的钱氏科技人才中，相当于院士级别的近两百位[1]。在中国，除了"三钱"（钱学森、钱伟长、钱三强）外，人们所熟知的还有钱穆、钱钟书、钱玄同等人。这些精英人才，与他们受到良好的家庭教育是分不开的。诺贝尔化学奖得主钱永健，就是这个家族中的一员。

钱永健是钱王钱镠第34世孙。钱镠从小出身贫寒，却酷爱读书，直到晚年还坚持阅读，并立下家训："子孙虽愚，诗书须读。"这种

"好读书"的家风相传至今。钱伟长教授在解答"钱家为什么能出那么多名人"时曾开玩笑地说:"我们钱家人喜欢读书,书读多了容易当官,当官的容易出名。"[2]在钱氏家族治学的历史上,经常看到钱穆与钱伟长同在灯下读书,在一起钻研学问,钱穆的母亲在一旁缝纫伴读的身影;经常看到晚年的钱学森在他的书房里,正满头大汗地趴在桌子上研读科学著作的身姿;经常看到钱钟书与夫人杨绛在灯下苦读中外名著的姿态……这些人之所以成为时代的精英,其中重要原因就是他们受到"继承家学,永守箴规"的影响。当钱永健荣获2008年诺贝尔化学奖时,钱学森非常高兴,向钱永健表示了祝贺:"永健虽然出生在美国,但他父母都是堂堂中国人,因而此次获奖既是中国人的光荣,也是我们钱家人的光荣,可喜可贺。"[3]

钱永健曾说过,家庭背景对他立志投身科学研究具有重要作用。钱永健祖籍中国杭州,生在一个"科学之家"。父亲钱学榘是美国波音公司的工程师,舅父李耀滋是麻省理工学院的工程学教授,堂叔钱学森是中国的"导弹之父",大哥钱永佑是斯坦福大学神经生物学家,二哥钱永乐是计算机科学家,母亲李懿颖是护士。钱永健说,母亲"作为一个华裔妇女,这是她在第二次世界大战时期唯一能找到的与科学沾边的工作"。钱永健在回答中外记者采访时说:"我们家几乎人人都搞科研。"[4]他坦言自己从事化学研究与家庭背景有关,他说:"我猜测我从事科学研究和我们家的背景有关。我们家出了好几位有名的工程师。"[5]这样一个家庭,对钱永健的影响是深远的。钱永健的父亲钱学榘和钱学森是堂兄弟,两人年龄相近、志趣相投。早年,他们一同就读于交通大学(今上海交通大学),攻读机械相关专业,毕业后两人先后赴美留学,学的都是航天航空学。1941年,钱学榘学成回国,成为贵阳大定发动机制造厂的总工程师,负责设计制造飞机。然而,生逢乱世,报国无门。造飞机的资金竟然被官员贪污。钱学榘心灰意冷,便回到纽约。1944年,他把夫人李懿颖和大儿子钱永佑接到美国,从此在美国定居,他后来的两个儿子均在美国出生,钱永健是第三子。

1955年,在美国航空领域脱颖而出的钱学森,经历一番波折后便回到祖国,成为"中国导弹之父"。那时,钱学榘的三个儿子在美国均受到良好的教育,三个儿子都是美国的科学家。钱永健的大哥曾任斯坦福大学生理系主任。钱永健曾一度和钱永佑在一起工作，20世纪90年代，他俩双双成为美国国家科学院院士。

钱永健出生于1952年，在美国长大。家学渊源使他从小就热爱科学。由于家里有成群结队的"工程师"在不同程度地影响他，钱永健也自称为"分子工程师"。他称自己的研究领域是分子工程学，他在描述自己的职业选择时是这样说的："每个人都从父母那里遗传点什么，我大概继承的就是当科学家的基因。"[6]"我注定继承家庭的血统，从事这样的工作。"[7]

钱永健幼年时患有哮喘病，当两个哥哥在户外运动时，他只能待在家里。父母为了激发钱永健对科学的兴趣，给他买了一套化学游戏设备，钱永健玩了一段时间后觉得无趣，便自己找来一本书，按书中的要求进行实验。通过实验，钱永健认识到，真正的化学要比玩游戏有趣多了。从此，便走上了化学家的道路。

2008年10月8日，瑞典皇家科学院宣布：日裔科学家下村修、美国科学家马丁·查尔菲和美国华人科学家钱永健因发现和研究绿色荧光蛋白技术而获得诺贝尔化学奖。钱永健是第七位诺贝尔科学奖华人得主，也是钱氏家族首位荣获诺贝尔奖的著名科学家。钱永健所取得的辉煌成就，与他的家庭环境有着直接的关系。

二、跟着兴趣学

> 本科时我一度对化学有厌烦情绪，不过念研究生时，我再度对化学产生兴趣。……我也发现，其实研究化学可以帮助解决生物学的许多问题，所以我又重拾化学。
>
> 钱永健

在人的一生中，兴趣可以成为一种巨大的动力。它可以推动人类科学不断地向前发展，它可以使人的生活更美丽、更充实、更有意义。有的人，正是凭着强烈的兴趣，走向人生的辉煌；有的人，正是凭着强烈的兴趣，取得了世人瞩目的成就；有的人，正是凭着强烈的兴趣，实现了自己的人生价值和理想。所以，兴趣是人生中不可或缺的一种心理素质。尤其是那些科学研究者，有时他们不断改变兴趣，并且执著地为兴趣而拼搏、而奋斗，这样的人，取得成功的可能性就更大。

钱永健是一个拥有广泛兴趣的人。小时候，他就对化学感兴趣。由于身体不是很好，他很少外出活动，钱永健只能经常待在家里。当两个哥哥在室外玩耍时，钱永健就在家里读化学相关图书，有时还在自家的地下室里摆弄瓶瓶罐罐，做起化学实验。父母看见儿子如此喜欢化学实验，就给他买了一套化学实验用具。具有旺盛求知欲的钱永健做了一段时间后，就厌倦了这一套安全的化学装置。他从大量的化学图书中，了解到书本中的化学实验更加丰富多彩。钱永健后来回忆到："在学校的图书馆，我发现了一本老旧的化学课本，里面有一些更有意思的化学实验。"[8]在那本书中，有一项化学实验使他产生了浓厚的兴趣：书中介绍了仅用过滤纸就可将亮紫色溶液变为亮绿色。钱永健照做了，实验结果表明，确实如此，这次实验更加激发了钱永健对科学的探索热情，使他更加迷恋化学，从此与化学研究结下了不解之缘。从那以后，钱永健开始"玩"起更危险的化学实验，甚至还接触过火药。一次，他和两个哥哥用火药自制了一个手榴弹，并将其引爆。万幸的是，这个手榴弹并没有多大的威力，只是把家里的乒乓球台炸掉了一小部分，并弄得满屋子都是烟。尽管出了事故，懂得教育的父母并没有阻止他们的化学实验，只是将实验地点搬到室外的混凝土露台，这样既安全，又不扼杀孩子探索未知的积极性。

从此，钱永健对化学的兴趣更加浓厚。出于对化学的热爱，再加上天资聪颖，钱永健很小的时候就成为众人眼中的"天才少年"。钱永健16岁时，凭借自己对"金属如何与硫氰酸盐结合"的研究，获得了西屋科学天才奖第一名。这项比赛是美国历史上最久、最具声望的科学竞赛之一，参赛者以高中生为主，又称"少年诺贝尔奖"。美国《纽约时报》在1968年以"泽西男孩获得全国科学竞赛最高奖"[9]为题对钱永健进行了专题报道。少年时代的钱永健已显露出过人的天赋。他凭借自己对知识和未知世界的好奇和兴趣，走上了快乐的治学之路。钱永健获西屋科学天才奖之后，又获得了西屋科学奖奖学金，并进入哈佛大学攻读化学与物理学专业。钱永健选学专业，完全是兴趣使然。在哈佛大学，钱永健虽然对化学课的讲授方式不满意，感到厌倦，但是他还是以优异的成绩获得了哈佛大学化学与物理学学士学位。

  与此同时，钱永健又获得了英国剑桥大学的马歇尔奖学金，随即到英国剑桥大学深造。来到剑桥大学，钱永健已经不满足于化学与物理学方面的研究，他想寻求更刺激和更具有挑战性的学科。最初，他选择了神经生理学。在学习过程中，钱永健忽然对浩瀚的海洋产生了浪漫的遐想，于是转而去学海洋学。钱永健回忆说："我总梦想着在蓝色海洋上远航，觉得那样一定很浪漫，但我最终发现它完全不是这样。我的研究只是在海湾中测量石油污染的程度，最终我发觉自己根本不关心藻海的高度。"[10]后来，钱永健又重新回到了神经生理学，开始专注于一项充满神秘色彩的领域：人类大脑。这对于他来说更有学习的乐趣。在他看来，大脑就像一部让人心醉的织布机，"它需要更熟练、更精细、更有创造性的方法把碎片拼织起来"[11]。钱永健开始研究人类大脑时，对人类大脑中300多个神经元进行了记录，后来在研究中，对这种单调烦琐的研究失去了兴趣，他认为当时对大脑的研究方法"简单粗暴"，结果也似是而非。

  看到这种情况，喜欢造工具，把复杂事情简单化的钱永健开始琢磨：如何才能更加精细地研究大脑呢？钱永健认为，大脑由成千上万个神经元构成，要想用先进的手段研究大脑，必须考虑用其他方式来观察大脑的活动方式，必须制造合适的工具，只有这样，才能揭开大脑之谜。钱永健经过认真思考，决定再回到化学领域，便开始了对绿色荧光蛋白的研究。2008年12月8日，一位记者采访钱永健，问他为何"念大学时因为嫌化学无聊而改变生化，现在又因化学而得奖"。钱永健回答说："本科时我一度对化学产生厌烦情绪，不过念研究生时，我再度对化学产生兴趣。因为我遇到了一些很好的老师，他们给了我全新的视野，所以我一直觉得教育很重要。我也发现，其实研究化学可以帮助解决生物学的许多问题，所以我又重拾化学。"[12]

  钱永健多次转换专业，一味地跟着兴趣学习，这在中外教育史上是少有的。正因为少有，才产生了一个诺贝尔化学奖得主，才创造出了一个科学奇迹！

三、成功需要超前思维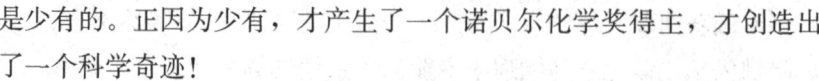

> 努力工作，多思考为什么事物会是某个特定的样子。虽然这个世界上每个事物的构成复杂，但任何事物都有一定的组织规则和特定的性质，所以多从事物构成的角度去思考问题。
>
> 钱永健

思维，是人脑对客观事物进行记忆、理解和加工的过程。在这个过程中，人脑是通过表象、概念、判断及推理等来反映客观现实的。而超前思维，作为人脑的一种特殊思维机能，是对现存事物的未来发展形态的反映。它是根据现存客观事物的变化规律，先于客观事物的发展变化而形成的符合客观事物发展趋势的，具有科学预见性的意识，是人脑的一种高级创造性思维活动。如果一个人在思考和研究一个问题时，局限于固定的框架之中，习惯于从已有的观念中寻找答案，偏重于继承传统，缺乏大胆的质疑精神，这样的思维方式必然阻碍对客观事物认识的广度和深度，也影响着创造性的发挥，长期发展下去，创造性成果也很难出来。因为创造性成果的主要特征之一，就是探索前人或他人尚未研究过的课题，或者研究他人研究过但尚未解决的问题。一名科研人员如果缺乏超前思维能力，是很难取得科学成就的。

钱永健就是一位具有超前思维能力的科学大师。2008年，诺贝尔化学奖授予日裔科学家下村修、美国科学家马丁·查尔菲和华人科学家钱永健，他们是因为发现和发展绿色荧光蛋白（GFP）而获奖的。而钱永健，则是将绿色荧光蛋白的研究发扬光大、登峰造极的人。最初发现绿色荧光蛋白的是下村修，但他只对生物发光现象感兴趣，对蛋白的应用不关心。查尔菲的研究虽然搞清楚了绿色荧光蛋白的特性，但在生物学研究中的应用方面受到限制。钱永健则在前面两名科学家研究的基础上，改造了绿色荧光蛋白，通过改变其氨基酸排序，选出能吸收、发出不同颜色的荧光蛋白，让它们发光更持久、更强烈。

所谓荧光蛋白，就是在特殊光线照射下发出荧光的蛋白质。细胞中的蛋白成千上万，很难辨别，科学家将荧光蛋白连在他们所研究的蛋白上，就像给蛋白安了一盏小灯泡。这些小灯泡在黑暗的细胞中熠熠发光，使科学家看到细胞内的活动。比如，艾滋病病毒镶了荧光，我们就能在显微镜下观察到它们如何进入细胞、躲在哪个角落、在细胞中怎样活动等前所未有的过程。现在，绿色荧光蛋白这盏标志灯，更是人类不可或缺的工具，堪称科学界的一大创举。

钱永健是一位治学严谨的人。他在公共场合，很少谈及他的成功方法。他获得诺贝尔奖之后，当记者问他取得成功的原因时，他以"幸运"二字答之。其实，钱永健在治学方法方面具有独特的观点，尤其是他在治学方面的超前思维，比一般科学家略胜一筹。曾做过钱永健助手的加拿大艾伯塔大学研究生罗伯特·坎贝说，钱永健是一个想象力非常丰富的科学家，"他的那些想法和科研抱负通常至少要比这个领域超前 10 年。对未来科学方向的判断能力，加上他在化学领域的研究经验，使得他能够进行开创性的研发"[13]。在科罗拉多大学任教的艾米·帕尔默在接受记者采访时说："他（指钱永健）是一个非常有想法而且能够全身心投入的科学家，似乎总能问出一些很有针对性、有深刻见解的问题。"[14] 钱永健的长期合作者，美国加利福尼亚大学圣地亚哥分校国家微成像与研究中心主任马克·爱利斯门说：钱永健是他见过的最聪明的人。他拥有世界上最美丽的大脑，不仅因为他能够深入思考如何填补已知科学领域的空白，更因为他知道如何发现新问题。他挖掘得很深，理解问题又很快，还擅长把问题的各部分统一起来看，发现新的研究工具，以此帮助其他科学家挖掘其他新问题[15]。美国索克生物研究所助理教授王磊曾经在钱永健指导下做了三年博士后，他说："在我碰到的科学家中，很少有像他这么聪明的，又能钻研得这么深的，所以他总是走在别人的前面。"[16] 美国加利福尼亚大学圣地亚哥分校科学家姜涛说，他是一个非常有智慧的人，总能想到别人想不到的事情。姜涛认为，钱永健在化学界开辟新领域的钙离子荧光探针，"罗杰（指钱永健）就应该获得诺贝尔奖"[17]。

钱永健为什么能在科研上获得成功，取得举世瞩目的成就？笔者认为，主要有三点原因。

一是思维活跃，善于从多方面思考问题。钱永健是一位善于思考、目光犀利的人。他在讨论科研问题时，常提出一些尖锐的问题供大家思考，然后紧紧围绕一个问题进行深入钻研，不达目的誓不罢休。

二是具有强烈的探索求知精神。他善于发现前人尚未思考过的问题，然后进行深入思考，作出进一步研究的选择。这种探索求知精神是值得当代青年和青年科技工作者认真借鉴的。

三是具有多方面的知识积累。钱永健学过数学、化学、物理学、生物学及神经科学等学科知识，还经常参与其他类知识讲座。多方面的知识积累，开阔了他的知识视野，为他进行科学创新打下了坚实的基础。

四、知识融合是大势

> 我也发现，其实研究化学可以帮助解决生物学的许多问题，所以我又重拾化学。实际上，我现在从事的领域也是跨界的——既是化学系教授，也是药理系教授。
>
> 钱永健

英国广播公司曾对23位著名科学家（包括7位诺贝尔奖得主）进行访谈，发现他们所深度涉及的专业或学科领域最多达6个，平均3.3个。这些科学家的主要特点，就是多学科交融。20世纪，是科学技术大发展、大繁荣的世纪。多学科交叉与融合，是20世纪科学发展的主要特点，尤其是20世纪最后25年，交叉学科领域诺贝尔奖数接近

50%；21世纪最初10年，这一比例超过70%。这一情况说明，学科交叉与融合的趋势已进一步加快，各学科都朝着高度综合的方向发展，学科与学科之间、科学与技术之间、自然科学与人文社会科学之间的交叉、渗透、融合，已成为当今学科发展的大趋势，多学科联合攻关、跨学科融合创新成为解决重大科技问题的方法和途径。

从当前世界各国在科学技术发展方面来看，许多重大科技新突破均源自于学科之间的交叉与融合。近100年获得诺贝尔自然科学奖的334项成果中，近半数的项目是多学科交叉融合取得的。例如，DNA分子双螺旋结构的发现，就是物理学、生物学、化学交叉与融合的结果。21世纪的重要新兴学科化学生物学，就是化学与生物学和医学交叉渗透的产物。它是继生物化学、分子生物学之后，20世纪化学与生物学两大学科的又一次新的更高层次的交叉与融合，已经成为21世纪一个重要的新兴交叉学科。为了迎接21世纪科技革命带来的挑战，许多国家的高等教育已经开始推进科学教育与人文教育融合的进程，各国都开设人文社会科学与自然科学相互选修课程，并设立了跨学科课程和跨学科学位。钱永健就是跨学科学习的典型。其诺贝尔化学奖，就是通过数学、化学、物理学、生物学、神经学、海洋学等多学科的渗透、交叉与融合而取得的。

所谓交叉学科，是指两门或两门以上的学科融合而形成的一种新的综合理论或系统知识，它不仅包括自然、人文和社会科学之间的交叉，也包括各门学科内部的各具体学科及其分支学科之间的交叉。交叉学科是20世纪以来世界一流大学在培养人才方面所采取的重要措施之一，也是许多有成就的科学家在治学方法上所追求的目标。钱永健在哈佛大学所学的化学与物理学专业，就是一个跨学科专业。哈佛大学在40年前就已经开设这个专业了。钱永健在小学和中学时代，就对化学感兴趣，但他并不满足于化学这一学科，还要学习一些物理知识，而哈佛大学正好开设了化学与物理学专业，对于具有强烈好奇心又想开阔学术视野的钱永健来说，真是雪中送炭。钱永健在哈佛大学，进一步打下了化学与物理学知识的坚实基础，思路更加开阔，新见解不断涌现，并顺利取得了化学与物理学学士学位。

钱永健进入剑桥大学以后，他从化学又转到了神经生物学，认为"神经生物学更有意思"。从此，钱永健就跟随世界著名的肌肉电生理学教授阿德然继续深造。在导师的引导下,钱永健于1977年获得了英国剑桥大学生理学博士学位。钱永健在治学上注重知识交叉、渗透与融合,使他的知识视野更加开阔,创新思维不断产生。钱永健发现并发展的荧光蛋白技术就体现了交叉学科所带来的影响。钱永健不但对数学、化学、物理学、生物学和神经学等学科有深入的研究,还能把这些学科很好地结合起来,进行渗透与融合;他不但能把自然科学、人文科学和技术发明进行多学科联合探究,而且能在此基础上进行原始创新。钱永健在神经生物学、细胞生物学和化学生物学上的贡献,使得他多年来都是诺贝尔化学奖、生理学或医学奖的热门人选。早在瑞典皇家科学院公布获奖者前,美国和英国博彩网站就曾预测钱永健有望获得2008年诺贝尔化学奖。钱永健的美国华裔同事,曾和钱永健共事13年的加利福尼亚大学圣地亚哥分校研究人员姜涛说:"他(钱永健)得奖不是问题,只是时间早晚。我们关心的是他得几个奖。"[18]姜涛认为,钱永健几年前研究的钙离子荧光探针技术,是生理和药物筛选技术的革命性突破,在化学界开辟了新的领域。仅凭这项技术,"(钱永健)就应该获得诺贝尔奖"。美国索克生物研究所助理教授王磊曾经在钱永健指导下做了三年博士后,他说:"他(钱永健)是我见过的最有天分、最勤奋的科学家。他不仅对数学、化学、生理、生物等学科有深入广泛的研究,并把这些学科很好地结合起来,还花费大量时间在实验室做研究。"[19]正因为钱永健在治学上注重各学科间的交叉、渗透与融合,才使钱永健在以后的研究中具有新的视角、新的研究思路和认识的穿透力。近20年来,钱永健经常接到邀请,到世界各地作学术报告。钱永健对交叉学科的厚爱,注重知识的融合与渗透,使他的研究领域横跨化学与生物科学,他的学术报告内容涵盖了各种不同类型的学科,既有化学的,也有生物学的,还有应用科学的。钱永健所撰写的科研文章达百余篇,他研究的范围不但广泛,而且具有开创性和革命性。从钱永健获得诺贝尔化学奖,并取得科学技术的重大突破,我们得到哪些启示呢?

一是懂得知识融合的意义和作用。钱永健刚到哈佛大学时,曾一度对化学产生厌烦情绪,原因是老师讲的课程枯燥,引不起兴趣,后来在念研究生时,"遇到了一些很好的老师",老师的讲解给了他全新的视野,使他"再度对化学产生兴趣",觉得化学"很重要",使他进一步认识到知识融合的重要性。他在获得诺贝尔奖以后，仍然去听当年诺贝尔经济学奖得主保罗·克鲁格曼教授的学术演讲。钱永健多元的知识结构给我们的启示是，一个科研工作者，不但要有理科的学术功底，而且也要掌握人文社会科学的知识，只有把自然科学与人文社会科学有机地结合起来，才能在科学研究上有所作为，才能有利于原始创新思想的涌现。

二是掌握交叉学科的治学方法。钱永健之所以取得科学上的重大成就，与他掌握多学科的治学方法有着重要的关系。钱永健不仅对数学、化学、生物等学科有深入广泛的研究，而且能把这些学科很好地结合起来，做到融会贯通，产生新的思维方法和新的思想观念，这是值得中国当代青年和科技工作者借鉴的。

三是以问题为导向促进学科的交叉融合。多学科交叉融合是现代科技发展的大趋势，但是，学科交叉与融合并不是简单地将相近学科领域的科研资源进行硬性"捏合"，而是围绕一个问题来有机地整合。这就要求每一位科研工作者围绕一个科研课题进行多方渗透，用发散性思维来寻求相关知识，突破"学科割据"的制约和束缚，将相关学科的相关知识进行交叉与融合，只有这样，才能产生新的生长点，促进原始创新的发展，从而获得更多的技术发明，不断提高自主创新的能力。

五、科研并快乐着

> 你的科研领域应满足你的个性，为你内心提供快乐，这样当你在科研中的沮丧时期不可避免地到来时，才能安然度过。
>
> 钱永健

从事科学研究，在有些人看来，是折磨，是痛苦，是沮丧，但对于热爱科学、献身科学和忘我从事科学研究的人来说，是习惯，是享受，是快乐。那些在科学领域取得辉煌成就的科学家，更是因科学怀有一种别样的心情。他们认为，因科学研究而产生的快乐心情是取得成功的重要品质。著名的西澳大学教授巴里·马歇尔，因发现了幽门螺旋杆菌是导致胃溃疡的最大因素从而获得了2005年诺贝尔生理学或医学奖。他在回答人们提出的"科学研究的目的是什么"这个问题时，说："研究的过程所带来的快乐，是无法形容的，远比得奖更兴奋。"[20]对于他来说，科学研究是件快乐的事情。我国著名数学家苏步青教授也有同感。他说："当我埋头在数学公式里的时候，我感觉是最幸福的时刻。"[21]这些科学家之所以取得突出的科学成就，其主要原因，是他们对科学的无限热爱，长期坚持探索，不计利益得失，始终注重内心的快乐。他们在攀登科学高峰过程中从来没有停止过，总是不断地探索，不断地追求，始终朝着既定的目标不断地前进！

钱永健在科研中就非常注重内心的快乐。他一直坚信自己的科研哲学就是快乐的哲学。而快乐的科研，是他成功的关键。他曾经说过："你的科研领域应满足你的个性，为你内心提供快乐，这样当你在科研中的沮丧时期不可避免地到来时，才能安然度过。"[22]这句话，是钱永健从事科学研究的真实写照。

钱永健从8岁起，就对科学感兴趣。他迷上化学，是父母给他创造条件的结果。父母为了激发他的学习兴趣，把家里的地下室改成了"化学实验室"。钱永健整天在地下室里做各种各样的化学游戏和实验，而且乐此不疲，一做就是几个小时。后来，钱永健开始"玩"起更危险的化学实验，甚至接触火药。

由于对化学的热爱，钱永健对化学研究的天赋越来越显现出来。钱永健16岁那年，高中即将毕业的时候，他凭借一项"金属如何与硫氰酸盐结合"的研究，获得了美国西屋科学天才奖。从那时开始，钱永健正式进入科学研究领域。之后，钱永健又获得了西屋科学奖奖学金，于1968年进入哈佛大学攻读化学与物理学专业，并于1972年取得了学士学位。

钱永健于哈佛大学本科毕业后，又进入英国剑桥大学学习生理学。在学习过程中，钱永健对海洋学又产生了兴趣。他说："我总梦想着在蓝色海洋上远航，觉得那样一定很浪漫，但我最终发现它完全不是这样。我的研究只是在海湾中测量石油污染的程度，最终我发觉自己根本不关心藻海的深度。"[23]于是，钱永健又回到了生理学。当时，神经生理学刚刚起步，研究方法既简单又粗暴。例如，要检测大脑神经元的活动，医生就会在病人头骨上打洞，把线直接连到大脑上，然后开始记录。钱永健形容这种方法就像冰上垂钓，把捕捉到的鱼进行分类描述。钱永健不喜欢用这种方法研究人类大脑。他认为，大脑是由数十亿个神经元构成的，是由无数移动部件组成的一个装置，应该采用更加精细、更为复杂和非侵入式的探究方法进行研究。于是，钱永健经过多方探索，决定用化学与生理学相结合的方法研究大脑，于是便开始对荧光蛋白进行研究。

荧光蛋白的最初发现是由下村修完成的。1962年，下村修在研究水母素的时候发现了一种副产品，将其命名为绿色荧光蛋白。然而，下村修本人只是对生物发光现象感兴趣，对荧光蛋白有什么样的应用则不关心。1994年，美国科学家马丁·查尔菲通过线虫实验，证明了绿色荧光蛋白作为一种生物示踪分子的应用前景，钱永健在前辈科学家研究的基础上，通过对荧光蛋白原理的研究，不仅找到了让绿色荧光蛋白发光更强、时间更久的办法，而且还成功地制造出不同颜色的荧光蛋白，甚至还有可以变色的荧光蛋白，使荧光蛋白真正"变成了一个有用的工具"。这种荧光蛋白开发出来后，极大地促进了世界细胞生物学的研究，"为细胞生物学和神经生物学发展带来一场革命"。一些生物学家在进行实验时，不仅可以对多种基因进行荧光标记，还可以判断生物的活动进程，比如脑神经细胞的发展和癌细胞的扩散等。钱永健在研究中追求快乐，数十年如一日地专注于科学事业，这是一般人不能做到的。最不容易的是，每当圣诞节来临的时候，美国所有大学校园都空空如也，而在美国加利福尼亚大学圣地亚哥分校的实验室里，却有钱永健的身影。钱永健有一个习惯，每到圣诞节时去实验室，这样既能亲自动手做实验，又不受任何人的打扰，可以安心地进行科学研究工作。钱永健将这段时间的研究称为"圣诞节计划"。钱永健认为，科研就是带给他最大快乐的圣诞礼物。

当前，在高等学校及科研机构，对科学研究抱有快乐心理的人不那么多。他们受各种压力的影响，不愿意参与大课题的研究，而喜欢能在短时间内完成的，并且容易完成的小课题。在研究中，他们很少感受到科研带来的乐趣。尤其是在研究生中，真正快乐搞科研的也为数不多，更多的是被"学位"、"求职"、"前程"的"缰绳"牵着鼻子走，难以体会到从事科研的快乐心情。

在科研中能否产生快乐的心情，除了环境因素影响外，归根结底要看自己。我们应该从钱永健的成功中得到启示。

一是把学习与科研视为一种快乐。钱永健从少年时代起，就对化学产生了浓厚的学习兴趣。他先是学习了数学、化学和物理学，然后又学习了生物学及物理学等相关知识。快乐的学习使他掌握了大量的知识，为他以后从事科研工作打下了良好的基础。

二是要淡泊名利。在现实生活中，科研体制、人事关系和科研环境并不尽如人意，造成了一些分配不公的社会现象。这种现象严重地影响了广大科研人员的积极性和创造性。科研人员经过千辛万苦取得的科研成果不仅没有得到正常的报酬和荣誉，反而不如那些善于钻营、不干正事的人。这种不合理的现象在社会上是存在的，如果一味计较的话，必然要影响对科学探索的积极性。作为一名真正的科研人员，应该淡泊名利，不因名利而影响科研的积极性。唯有如此，才能心情舒畅，把自己的才华和精力全部用在科研上，为国家的科学进步作出贡献。

三是具有献身精神。科学是为人类造福的，也是一项十分艰苦的事业，在这条布满荆棘的道路上有时还充满着风险，这就意味着每一名科研人员要有为科学献身的思想准备。正如马克思所指出的："在科学的入口处，正像在地狱的入口处一样，必须提出这样的要求：'这里必须根除一切犹豫，这里任何怯懦都无济于事。'"[24]一个人，只有作好为科学献身的思想准备，才能"衣带渐宽终不悔，为伊消得人憔悴"，醉心于科学研究。如果总想着个人的利益、个人的幸福、个人的名利，就不要搞科学研究了。

六、系统方法好在哪里

我知道有些中国的科学家在研究方面非常努力，我的个人理

> 解就是：除了努力之外，还需要有一个系统的方法。
>
> 钱永健

2008年10月8日早晨，一年一度的世界科学大奖——诺贝尔化学奖公布了。瑞典皇家科学院宣布，美籍华人科学家钱永健、美国科学家马丁·沙尔菲和日裔科学家下村修获得该年度的诺贝尔化学奖，获奖理由是因发现和研究绿色荧光蛋白而作出突出贡献。10月14日，钱永健接受了全球40多家媒体的联合采访。当一位中国记者提出，"对于中国科学家想要获得诺贝尔奖有什么建议"这一问题时，钱永健回答到："我知道有些中国的科学家在研究方面非常努力，我的个人理解就是：除了努力之外，还需要有一个系统的方法。"[25]

什么是"系统方法"？系统方法就是以对系统的基本认识为依据，应用系统科学、系统思维、系统理论、系统工程与系统分析等方法，用以指导人们研究和处理科学技术问题的一种科学方法。概括地讲，系统是由两个以上的要素按照一定方式组合而成的。按照我国著名科学家钱学森的观点，系统就是"由相互作用和相互联系的若干组成部分结合而成的具有特定功能的整体"[26]。钱学森提出的这一观点揭示了客观世界的某种本质属性，有无限丰富的内涵和外延。系统方法为现代科学研究提供了新思路。它的研究对象是从整体出发，从部分与整体的联系中，揭示整个系统的运动规律。简单地说，就是对事情进行全面思考，不能就事论事，而是把一件事放在普遍的联系中，把要达到的结果、实现该结果的过程、过程优化及对未来的影响等一系列问题作为一个整体系统进行研究。

与他共事的学生道出了钱永健之所以获得诺贝尔化学奖的缘由。美国索克生物研究所助理教授王磊评价钱永健"是一个十分聪明的人"。最了不起的是，除了生物领域，他对化学、数学、物理学等学科都有很深的造诣。因为他具有全面的知识，所以经常能提出令人激动的科研设想。与钱永健长期合作的艾里斯教授说，他不仅能深入思考以填补科研领域的空白，而且知道在哪里发现新的问题。他挖掘得很深，理解得很快，总能将各种发现综合在一起，发明新的研究工具。从钱永健的同事和学生对钱永健的评价中，我们总结出，系统的方法对钱永健的成功有一定的帮助，主要在两个方面。

一是系统地掌握有关化学及其他学科方面的知识，为他取得科学成就创造了条件。钱永健从化学起步，学习了细胞生物学、药理学等有关学科，最后又重归化学，丰富的生物、化学知识使他在科学研究领域像一名战场上的无敌勇士，难以阻挡。他有一次接受采访时说：在化学领域，化学家对钙的性质已经知道得很多，但这些却被生物学家忽视了。与此同时，化学家却不知道钙信号在生物学上的重要性。这就给我创造了一个极好的学术空间，在很长一段时间内都几乎没人和我竞争。一个在生物学家看来很难的课题，我用简单的化学知识就给出了一个独特的解决方案。生物学家讨厌或害怕化学，觉得化学难以忍受。而钱永健不但在化学领域随意徜徉，而且在生物学领域也独领风骚。钱永健在研究荧光蛋白的过程中，就是采用系统性的方法进行研究的。研究荧光蛋白技术，涉及很多知识，其中包括电生理学、神经科学、分子工程学、生物化学、有机化学和医学。钱永健系统地研究了这些知识，并掌握了荧光蛋白的特性，详细地分析了它的发光机制，最后终于发现了这个荧光蛋白的发光基因，并对它进行了大刀阔斧的改造，从而改变了它的发光特性。钱永健通过改变其氨基酸排序，改造出了能吸收、发出不同颜色的荧光蛋白，不但大大增强了它的发光效率，让它发光更久、更强烈，而且还发展了红色、蓝色、黄色荧光蛋白，使得荧光蛋白真正成为一个琳琅满目的工具箱，供研究生物学的科学家们选用。目前生物实验室普遍使用的荧光蛋白，大部分是钱永健改造的荧光蛋白的变种。有了这些荧光蛋白，科学家就好像在细胞内装上了"摄像头"，可以随时观察各种病毒的繁殖过程。

二是良好的科研环境和人与人之间的良好交流对钱永健取得科学成就也产生了深刻的影响。钱永健在研究中采用的系统研究方法，也包括科研环境、人与人之间的相互交流和对科研的大力支持。钱永健是一位具有广阔知识视野和惊人创造力的科学家，他所工作的加利福尼亚大学圣地亚哥分校也是一个工作环境优美、有利于科研工作的一流科研单位。钱永健在回答记者的采访时曾经说："加利福尼亚大学环境优美，而且我们相互沟通便捷，大家很容易就能碰头，这给实验室工作带来积极的促进作用。"[27]这说明，在科学研究的这个大系统内，良好的科研环境、和谐的人际关系、善于交流的科研气氛，是科研工作取得成功的重要保障。与此同时，对科研人员进行积极的支持也是一个重要方面。钱永健所在的美国加利福尼亚大学圣地亚哥分校大力支持他，给他拨经费，给实验场地，他所在的科研小组也积极支持他，配合他，他的夫人也给他很大的支持。难怪钱永健在获得诺贝尔奖后，要感谢加利福尼亚大学，感谢他所工作的实验室全体工作人员，感谢他的夫人，其根本原因，就是他所取得的成就，不是个人独自取得的，与他所工作的单位、他共事的研究人员、他的夫人有着直接的关系。

钱永健为什么给中国科学家提出"要有一个系统的方法"，主要有三点原因。

一是中国学生进行努力学习，是迫于外在压力，如高考就是外在压力的一种。中国培养的学生，主要是学会过去的知识、学会考试，注重知识传授和考试能力的培养，而外国发达国家则注重拥有知识后如何对知识进行分析、组织和判断，用所学知识来分析新的问题，注重能力的培养和创新。按着系统论的观点，教育内容可以分为三类：知识、能力、创新。如果只注重知识的传授，而不注重能力和创新，培养的学生是不健全的，是不能适应未来社会发展需要的。

二是中国学生缺乏宽阔的视野。中国学生在高中阶段就开始分科学习。表面看来，满足了部分学生的学习兴趣，其实不然，反而影响了学生的学习动力。钱永健在哈佛大学学的是"化学与物理学"，这个专业在40年前就已经设立了。而在中国，这个专业在2007年教育部批准的《目录外专业名单》中也没有找到。这怎么能满足那些对这个专业有好奇心和感兴趣的学生的要求呢？这怎么能培养出拥有钱永健那样知识结构的人才呢？这怎么能不埋没那些与钱永健天赋类似、可能的诺贝尔奖获得者呢？

三是中国学生缺乏相互交流的风气和氛围。无论是在高中，在大学，还是在科研机构，互相交流的现象很少。在高中阶段，尤其是一些重点高中，学生之间更少交流，对学校的教学和学习情况往往采取互相封闭的办法，生怕披露出去而影响自己的升学考试。正是存在上述原因，钱永健提出了中国科学家要获得诺贝尔奖，"需要有一个系统的方法"，这个建议非常重要，也非常中肯。

七、色彩美学帮大忙

> 生物学中有许多非常有趣的话题等着去解决。正是色彩让我的工作更有趣，当工作进展得不顺利时，是色彩让我的工作可以继续进行下去。
>
> 钱永健

人们生活在一个五彩缤纷的色彩世界中，色彩与人们的工作和生活有着千丝万缕的联系。借助于色彩，人们由表及里、由浅入深地观察各种事物，这是人类认识世界的一条重要途径。当色彩以它特有的自然属性吸引着人们的时候，它不仅能产生一般的视觉效果，还会进一步作用于人的情感、影响人的情绪。色彩本身是没有灵魂的，它只是一种物理现象，但人们却能感受到色彩的情感，这是因为人们长期生活在一个色彩的世界中，积累着许多视觉经验，一旦视觉与外来色彩发生一定的呼应时，就会在人的心理上引出某种情绪。

一些科学家往往把色彩美学引入现代科学的研究之中。他们用颜色来表现创意，创造出色彩之美、科学之美、快乐之美；他们用理性与感性的交会，来表达科学与色彩之间的和谐、融合与美感。

钱永健在儿童时代就对明亮的色彩有一种无以名状的喜爱。小时候，父母为了激发他的求知欲和探索精神，专门给他买了一套化学实验用具。从此，钱永健对化学产生了深厚的兴趣，化学世界简直让他着了迷。钱永健特别喜欢能产生奇妙色彩的化学实验，他把家里的地下室变成了自己的"化学实验室"，堆满了瓶瓶罐罐。当两个哥哥在野外做剧烈活动或游戏时，他却独自在家里做他喜欢的带有奇妙色彩的化学实验，一做就是几个小时，甚至废寝忘食。他说，化学"实验所产生的鲜艳色彩让我着迷"。2009年7月1日，钱永健在回答记者提问时，谈到了色彩在科学研究中的作用。他说："从孩童时期起，我就被非常漂亮的颜色和它们之间的化学关系深深吸引。与此同时，生物学中有许多非常有趣的话题等着我去解决。正是色彩让我的工作更有趣，当工作进展得不顺利时，是色彩让我的工作可以继续进行下去。"[30]钱永健认为，在科学研究中，是离不开色彩的，有了色彩，就有了兴趣；有了色彩，就有了灵感；有了色彩，就产生了创造，产生了发明。

钱永健还说，在科学研究中，"我总是被色彩所吸引"。"如果我天生是色盲，估计我不会取得今天的成就了。"[29]他于2008年12月8日晚在瑞典斯德哥尔摩接受记者采访时说："我从小对明亮的色彩有一种无以名状的喜爱。我总是告诉学子，要结合枯燥的实验找点乐子，否则有时很难走得更远。对我来说，看着这些色彩在试管里蔓延，就像那些细胞在和你对话，告诉你它们是活的，这远比做那些没有颜色的实验有趣得多。"[30]钱永健在研究绿色荧光蛋白的过程中一直离不开颜色。他说："除了绿色荧光之外，我还找到黄色、红色等不同颜色的荧光，但是同一种颜色荧光的深浅程度不一，如何命名才能清楚辨别，也是一大考验。"[31]他灵机一动，想到了小朋友使用不同颜色的蜡笔，决定用不同的水果名称替代同一种颜色，用深浅程度各异的荧光命名。例如，颜色偏暗的黄色荧光就叫"蜜瓜黄"，稍微成熟亮眼的就叫"香蕉黄"，黄中带绿的颜色就叫"柠檬绿"，介于黄绿之间的就叫"柑橘橙"。至于红色荧光的命名就更"热闹"了，鲜红的叫"番茄红"，较柔和的红色叫"草莓红"，红中带紫的叫"樱桃红"，其余由浅至深的红色荧光分别命名为"覆盆子红"、"葡萄红"、"梅子红"。这些可爱的名字为钱永健的枯燥研究带来了快乐，也给他带来了成就和荣誉。

通过对艺术、色彩的使用，钱永健的科研工作"更有趣"，并为广大科研人员的研究工作提供了帮助。2007年著名的"脑虹"实验就是一个例子。"脑虹"实验就是利用钱永健的荧光蛋白技术而进行的。"脑虹"实验是由哈佛大学分子和细胞生物学教授杰夫·利希曼和乔舒亚·萨内斯主持的。他们通过在老鼠不同部位或不同发育阶段使用色素基因，一次性为老鼠大脑内几百个神经元细胞染上了90多种鲜明的色彩，看上去犹如一幅色彩绚丽的抽象画。一位在加利福尼亚大学圣地亚哥分校读生物化学的中国学生在博客上写道："看过他（指钱永健）做的东西，没人会怀疑他在这个领域的杰出能力，他的研究堪称科学与艺术的混合体。"[32]钱永健通过几十年来的科研实践，总结出一条重要的科研方法：将艺术的感性与科学的直觉结合在一起。这使他的头脑富有创造性，促使他在细胞生物学及神经生物方面作出革命性的贡献。

八、合作交流不可少

> 如果找对正确的合作伙伴，一个由两三个人组成的小组也能完成了不起的研究。
>
> 钱永健

进入20世纪以来，为什么科学所取得的成就和突破比以往的总和还要多？门类之多、规模之广、投资强度之大是20世纪科学研究发展的主要特点。而要完成这类科研项目，仅仅依靠过去的单枪匹马是不可能的，进行合作与交流，则成为科学研究的必要方式，并迅速成为科学研究的主流。科研人员只有从不同角度和不同层次对科学研究进行合作，才能使科学研究产生1+1>2的效能，最大限度地推动科研生命力的发展。

从诺贝尔自然科学奖颁奖历史来看，进行合作的科研项目在不同时段所占的比例越来越大。总数超过 1/3 的诺贝尔自然科学奖的奖项（37.3%）是由共同合作的研究者所分享的；由 2~3 人共同获得同一个奖项的比例增长情况是：授奖的第一个 20 年是 12.0%，第二个 20 年是 18.3%，第三个 20 年是 31.7%，第四个 20 年是 38.3%，第五个 20 年是 55.6%，2001~2011 年达到 71.8%[35]。这些数据说明，诺贝尔自然科学奖越来越归属多人，而非一人。这充分体现了现代自然科学的发展趋势，即进行研究的科学家合作日益紧密，交流日益广泛，以团队形式取得突破成果已成为攻克科学堡垒的主要措施和方法。

随着科学技术的发展，学术交流活动日益频繁，非常活跃，尤其是一些著名的世界一流大学，交流活动已成为寻找双方合作的有效途径。一些取得突出成就的科学家，都注重学术交流。例如，爱因斯坦就非常重视与同行之间的协作与交流。他在柏林大学任教期间，经常与麦克斯韦、冯·劳厄、威廉·韦斯特法尔等同行一起举行学术讨论会，并积极参加每星期三举行的恳谈会。爱因斯坦的广义相对论和引力学说就是在这期间完成并发表的。

钱永健认为，在现代科学研究中，很多课题都是由团队展开的。团队的带头人通过与团队组织成员的密切合作与相互交流，产生了一个强有力的科研集体，这个集体在首席科学家的带动下，披荆斩棘，奋力拼搏，就能取得丰硕的成果。这是现代科学研究的主要方法。钱永健在研究中始终强调团队合作的重要性，强调要有协作精神。他认为，这一点非常重要。他还指出"如果找对正确的合作伙伴，一个由两三个人组成的小组也能完成了不起的研究"[36]。这是钱永健教授进行合作的经验之谈。

钱永健在科学研究中，非常喜欢与人合作，各取所长。例如，钱永健在研究钙离子荧光探针合成这一课题时，就是充分利用他人所长进行研究的。钱永健的强项是设计荧光探针，观察活细胞里面的变化，是这一领域的领军人物。而他的同事钱煦则拥有力学刺激的生理反应等方面的研究优势。加之几位有专长的博士生参与研究，进行协同合作，将钙离子合成一种新的荧光指示分子（荧光探针）BAPTA。荧光探针与钙离子作用后发出了强烈的绿色荧光，并且很容易渗透到细胞里面去，成为检测细胞和神经生物学领域的工具。这样大大拓宽了荧光探针的应用范围，也使得该领域成为近年来有机化学与化学生物学的研究热点。此外，钱永健还与他的合作者设计合成了一系列针对蛋白质和多肽的荧光探针分子，作为肿瘤细胞标志物蛋白酶的底物，以实现直接观测癌细胞的生长情况。钱永健也是一位善于交流的科学家。他的知识面很广，涉及化学、物理学、生理学、神经科学、分子工程学及医学等有关学科。从 20 世纪 80 年代开始，钱永健就被科学界称为"跨界研究人员"。他多次受邀给化学和生物学两个领域的科研人员作科研报告。科学界很多人早就预言他会得诺贝尔奖，而且是"化学和生物学都有可能"。

钱永健在他的实验室里，经常和大家一起讨论有关问题。当讨论到高潮时，他即使对有些观点或想法不赞同，也会继续聆听，并进行沟通，让研究人员充分发挥各自的智慧和创造力。有时，他还提出一些最难回答并切中要害的问题来。他每次出差参加会议归来时，都要给大家介绍情况。他不仅介绍会议内容，而且还能更深一步，和大家共同讨论他对参加会议后产生的某些想法，以互相启发，引起新的思路，产生新的见解。

其实，一个人要想在科学研究的道路上走得远，作出一些成就，除了有好的理论功底和广博的知识外，更重要的是要善于合作与交流，这是必要的，也是必需的。现代科学技术日新月异，学科之间互相交叉渗透和融合的特点使得科学技术情报信息按几何级数不断增长，如果不参与学术交流，特别是国际的学术交流，采用单打独斗的英雄方式进行科学研究，就很难跟上科学发展的步伐。

九、跌倒了，就爬起来

失败和错误都是必然的过程，就算研究出了差错，还是有值得学习的地方。

> 当面对各种不同的难题时，一定不要放弃。
>
> 钱永健

在溜冰场上，当我们看到那些飞一般的滑冰健将而产生羡慕之情，不由问起他们成功的奥秘时，他们会说：跌倒了，再爬起来。这句话道出了成功的真谛。有时，我们只看到那些体育健儿为夺得世界冠军而纵情欢呼、心情激动的一面，而没有看到他们奋力拼搏、挥洒汗水，从失败中崛起的一面。人生就是这样，有成功的高潮，也有失败的低谷。正如一位哲人所说：人生没有永远的赢，也没有永远的输，而人的抗压能力，往往是在失败中锻造出来的。对于一个人来说，经历的挫折越多，他往往越坚强、越有韧性。例如，大科学家爱迪生就是从失败中崛起，取得辉煌成就的。他为了发明电灯，给人类带来光明，他选用过6000多种材料，实验失败了8000多次，最后才取得成功。失败固然会给人带来痛苦，但也能给人带来收获。

钱永健和所有科学家一样，年轻时也曾面临着很多困惑和问题。他说自己在从事科学研究的初期，也遭受过失败的打击。十四五岁时，他曾向纽约一家著名的癌症研究机构申请暑期实习，却遭到拒绝。他回忆说："那是我人生中第一次遭遇失败，那以后的几个月使我经历了少年时的失败时光。"[35]在上大学时，他也遇到过困惑和问题。他说，在大学的时候，有几次，我的老师都告诉我说，我没有希望了。当时我听不懂他们讲的课，或者没有注意他们布置的作业，或者是做错了，总之，那门功课学的很糟。但是，这些困惑和问题没有难住钱永健，他用辛勤的汗水克服了学习中带来的困难，以优异的成绩取得了"化学与物理学"的学士学位。

2009年7月1日，《科学新闻》杂志记者采访钱永健，当问到"对青年科研工作者有什么建议"时，钱永健说："努力寻找一些重要的课题，使自己更加充实和愉悦。但是一定要接受失败的现实，当然希望不会是零。要学会将'柠檬'做成'柠檬水'。只要坚持就一定会有回报。"[36]钱永健回忆，他从8岁时就开始做化学实验，从此与化学研究结下了不解之缘。他从事化学研究已有40多年，而这40多年来他获得了60多项专利，并与其他两位科学家共同获得了2008年

第六章 色彩大师：钱永健

的诺贝尔化学奖。钱永健通过对荧光蛋白发光原理的研究,不仅找到了让绿色荧光蛋白发光更强、时间更持久的办法,并且还成功地制造出不同颜色的荧光蛋白,甚至还有可以变色的荧光蛋白;使人类实现了追踪细胞的目标,甚至可以持续地追踪脑神经细胞生长的过程。钱永健的这一发现充满了艰辛和痛苦。从1992年开始,钱永健就投入了绿色荧光蛋白的研究与探索,到1994年在著名的《科学》期刊发表论文,直至2008年获得诺贝尔化学奖殊荣,前后共15年的时间。这15年来,钱永健在研发不同颜色荧光蛋白的过程中,也曾遇到让他伤透脑筋的情况。例如,钱永健绞尽脑汁撰写出的一篇有见地的研究论文,在投给某一著名期刊时,却被退回了。像这样的事情他经历过很多次。在研究荧光蛋白的过程中,钱永健的研究小组经常遇到一些难以克服的困难和实验不成功的事情。遇到这些困难时,钱永健就鼓励大家要坚持不懈。"当面对各种不同的难题时,一定不要放弃。"[37]他说,如果我们这里的事情都那么容易做,我还叫你来干什么?我们本来就是做困难的事情,来做有意义的事情。2008年12月8日,钱永健在接受记者采访时说,"善于克服困难、解决问题,有持之以恒的精神是一个研究人员必备的素质,因为人世间,工作和科研当中总是会有这样或那样的问题"。他还说:"失败和错误都是必然的过程,就算研究出了差错,还是有值得学习的地方。""还是可以从错误中发现新的信息,所以不要害怕失败。"[38]钱永健曾遇到了一个博士研究生,在研究过程中连续失败了三次,但他毫不气馁,不断总结经验,直到继续进行第四次的时候,才发现了成功的契机。钱永健总结说:"坚持下去,才是迈向成功的关键因素。"[39]

当钱永健获得诺贝尔化学奖后,便着手计划研究新的课题,准备把更多的时间用在人体状况的研究方面时,他坦言对癌症的研究预计可能没有任何结果。他说:"在科学的历史上,到处都是科学家在一项研究上成功,而在另一项研究上失败的例子。"[40]但他仍然对自己的研究充满信心,因为通过动物实验,已经表明这项研究是有成功的希望的。

参考文献

[1] 张仲超. 钱氏家训. 北京:线装书局,2010:2.

[2] 常建华, 陶福贤. 钱氏家庭成功的秘密. 环球人物, 2009, (1): 24.

[3] 乔钟. 钱永健: 华人世界的新荣耀. 人民日报(海外版), 2008-10-14, 第006版.

[4] 莫书莹. 专访诺贝尔化学奖得主钱永健: 我是工具制造者. 外滩画报, 2008-12-16, 第1版.

[5] 陈雪霏. 与化学结下不解之缘 钱永健: 年轻人要富于创新. http://chinaqw.com/hqhr/hrjy/200812/11/141761.shtml. 2008-12-11.

[6] 李真真. 改错. 诺贝尔奖华裔科学家在美英学到了什么. 北京: 中国青年出版社, 2011: 178.

[7] 逸名. 钱永健: 我注定了继承家族血统. 理论导报, 2008, (11): 63.

[8] 何洪泽. 爱玩"危险游戏"的诺贝尔奖获得者. 环球人物, 2008, (10下): 10.

[9] 邱瑞贤, 李颖. 低调寡言至今骑车上下班. 广州日报, 2008-10-10, 第4版.

[10] 袁玥. 钱永健: 我感觉像被汽车大灯照着的鹿. 南方周末, 2008-10-16, 第028版.

[11] 袁玥. 钱永健: 我感觉像被汽车大灯照着的鹿. 南方周末, 2008-10-16, 第28版.

[12] 莫书莹. 专访诺贝尔化学奖得主钱永健: 我只是工具制造者. 外滩画报, 2008-12-16, 第1版.

[13] 张忠霞. 他们眼中的钱永健. http://news.QQ.com. 2008-10-09.

[14] 张忠霞. 他们眼中的钱永健. http://news.QQ.com. 2008-10-09.

[15] 乔钟. 钱永健: 华人世界的新荣耀. 人民日报(海外版), 2008-10-14, 第006版.

[16] 袁玥. 钱永健: 我感觉像被汽车大灯照着的鹿. 南方周末, 2008-10-16, 第028版.

[17] 向平. 钱学森堂侄夺得诺贝尔化学奖. 世界报, 2008-10-15, 第22版.

[18] 蔡如鹏. 化学奖: 照亮了那些本不可见的世界. 中国新闻周刊, 2008-10-20, 第65版.

[19] 鲁鹰. 钱永健: "被汽车大灯照着的鹿". 党员干部之友, 2008, (11): 6.

[20] 李婵, 姜莹莹. 科研的快乐难以形容. 北京科技报, 2006-03-29, 第02版.

[21] 戴世强．与青年朋友谈科研与学习方略．上海：上海大学出版社，2011：237-238．

[22] 宗江．钱永健：登上科学巅峰的华裔才俊．青年文摘，2008，(12上)：63．

[23] 何洪泽．爱玩"危险游戏"的诺贝尔奖获得者．环球人物，2008，(10上)：66．

[24] 王大珩，于光远．论科学精神．北京：中央编译局出版社，2001：325．

[25] 贺莉丹，邵东韵．陌生的钱永健．http：∥www.sina.com.cn.2008-10-15．

[26] 张卓民，康荣平．系统方法．沈阳：辽宁人民出版社，1987：4．

[27] 贺莉丹，邵东韵．陌生的钱永健．http：∥www.sina.com.cn.2008-10-15．

[28] 徐治国．钱永健：诺奖的颜色．科学新闻，2009，(14)：49．

[29] 袁玥．钱永健：我感觉像被汽车大灯照着的鹿．南方周末，2008-10-16，第028版．

[30] 莫书莹．专访诺贝尔化学奖得主钱永健：我只是工具制造者．外滩画报，2008-12-16，第1版．

[31] 周小美．钱永健：一个成功的科学家必生于一个开放的社会．时代周报，2010-1-10，第1版．

[32] 莫书莹．专访诺贝尔化学奖得主钱永健：我只是工具制造者．外滩画报，2008-12-16，第1版．

[33] 陈其荣，廖文武．科学精英是如何造就的——从STS的观点看诺贝尔自然科学奖．上海：复旦大学出版社，2011：100．

[34] 刘晓雪．今领诺奖钱学森堂侄登台飞吻．www.news.cn.2008-12-11．

[35] 南方报网．钱永健荣获2008影响华人大奖．http：∥ent.nfdaily.cn/content/2009-03-05/25/content_5014727.htm.2009-03-25．

[36] 徐治国．钱永健：诺奖的颜色．科学新闻，2009，(14)：49．

[37] 刘晓雪．今领诺奖钱学森堂侄登台飞吻．www.news.cn.2008-12-11．

[38] 周小美．钱永健：一个成功的科学家必出于一个开放的社会．时代周报，2010-1-1，第2版．

[39] 周小美．钱永健：一个成功的科学家必出于一个开放的社会．时代周报，2010-1-1，第2版．

[40] 徐惠芬．钱永健：我想为攻克癌症出把力．http：∥news.xin.huanet.com/world.2008-10-9．

第七章

光纤之父：高锟

高锟，1933年11月4日生于中国上海金山区，1949年随家迁往香港地区。高锟中学时代就读于香港圣若瑟书院；1954年赴英国留学，1957年获英国伦敦大学电子工程学学士学位；1965年获英国伦敦大学伦敦帝国理工学院哲学博士学位。从1957年开始，高锟在英国从事光导纤维在通信领域应用的研究。由于高锟在光纤通信领域的特殊贡献，1981年被誉为"光纤之父"。1987年10月，高锟从英国回到中国香港出任香港中文大学第三任校长。高锟曾担任过美国国家工程院院士、英国皇家工程科学院院士、瑞典皇家工程科学院外籍院士，1996年6月当选为中国科学院外籍院士。

高锟教授一生贡献颇多，曾在电磁波导、陶瓷科学（包括光纤制造）方面获得28项专利。高锟曾获得过15项国际大奖，主要有瑞典爱立信国际奖、美国马可尼国际院士奖、意大利哥伦布奖等。1996年，中国科学院紫金山天文台将一颗于1981年12月3日发现的国际编号为"3463"的小行星命名为"高锟星"。2000年，高锟与邓小平一起被《亚洲新闻周刊》选为"二十世纪亚洲风云人物"。2009年10月6日，高锟获瑞典皇家科学院颁发的诺贝尔物理学奖。

高锟在光纤理论研究上造诣颇深。他从1957年开始，就从事光导纤维在通信领域运用的研究。1966年，他发表的《光频率的介质纤维表面波导》论文，在通信界引起轩然大波。他在论文中首先提出了用玻璃纤维制造出比头发丝更细的光纤，以取代铜线作为长距离的通信线路。这个理论引起了世界通信技术的一次革命。高锟在这方面发表了《介质纤维表面光频波导》、《光学纤维技术》、《光学纤维系统》等多部学术著作和100多篇研究论文。

第七章 光纤之父：高锟

一、光纤让世界更美妙

> 有梦想就坚持不懈地去追逐，因为你永远不知道将来会怎样。
>
> 高锟

华人科学家高锟因发明光纤被称为"光纤之父"。2009年，瑞典皇家科学院将该年度的诺贝尔物理学奖授予高锟，以及美国科学家威拉德·博伊尔和乔治·史密斯。高锟获得诺贝尔物理学奖一半的奖金。瑞典皇家科学院诺贝尔奖评委会在颁奖词中，用散文诗般的语言高度评价了高锟教授发明光纤给人类带来的益处。颁奖词是这样描述的："光流动在细小如线的玻璃丝中，它携带着各种信息数据传向每一个方向，文本、音乐、图片和视频因此能在瞬间传遍全球。"[1]诺贝尔物理学奖评委员主席约瑟夫·努德格伦还用一根光缆形象地解释了高锟的成就，评价了高锟所作出的贡献。被称为"光纤之父"的高锟是如何用光纤让世界变得如此美妙的？

20世纪50年代，随着科学技术的发展，一些科学家也曾对导光用的玻璃纤维进行过研究，研究结果只能对患者的胃部进行成像和诊断，也可以作为牙科手术的照明，其他用途并不理想。其主要原因，是光在传输过程中产生剧烈衰减。举例来说，若有满满一个游泳池的水，用一公里长的输水管就会把水耗尽。在这种情况下，玻璃纤维无论如何也不可能适用于长距离通信。因此，当时很多科学家和发明家认为，用玻璃纤维进行传输希望渺茫，便放弃了对光纤通信的研究。有人曾断言，光纤传输就像永动机那样，虽然设想十分美好，但是却永远只是一个设想。

1962年，正在英国伦敦大学攻读博士学位的高锟执著地相信快速传递信息的光纤将是未来人类生活不可或缺的部分，对光纤通信传遍世界这个"不可能的任务"产生了兴趣，并认真展开研究。当时，社会上人们热衷于研究电子学和无线电技术，几乎没有人对用光纤传输信息感兴趣。那时，人们普遍认为，实现光纤通信的理想，无异于痴人说梦、异想天开。高锟花了很长时间观察光纤衰减问题。他利用伦敦大学丰富的教育资源和良好的学术氛围，又从光纤制造商那里收集样本，仔细地研究了大批玻璃纤维的特性。高锟在脑海里不断思考这样几个问题："怎可以那么快便断定激光没有可为？我们为什么不可以给光波找一种合适的波导管？如果光通信只停留在理论的阶段，实在太可惜了。"[2]为了找出问题的答案，高锟提出了两个问题。

（1）红宝石激光是否可以成为通信的光学载体？

（2）有什么物质具有高透明度，可以让光波远距离传送？

高锟经过思考，决心攻克这一难关。那时，高锟一边攻读博士学位，一边工作。高锟的工作单位是英国标准电信实验室。当时高锟是一名研究光纤通信的年轻工程师。一开始，高锟在别人的领导下工作，后来成了一个小组的头儿。这个小组一开始只有两个人，除了他，还有一名叫乔治·霍克汉姆的年轻人。当时，高锟和霍克汉姆的研究目标是：让光在光纤中传输1000米后至少还剩下1%的能量。他们在研究中发现，玻璃纤维的损耗太大，主要是因为石英玻璃含有铁、铜、镍等杂质离子会吸收光。此外，石英玻璃结构上存在缺陷，也会吸收光或散射光。找到问题以后，高锟和他的同事霍克汉姆把研究成果写了出来，并于1966年7月发表在《英国电子工程师学会学报》上，题目是"光频率介质纤维表面波导"。在这篇论文中，高锟详细分析了光波在圆柱形波导——光纤中的传播，深入讨论了引起光波误差的散射和吸收效应、信息容量及其他相关问题。高锟预言，用石英玻璃纤维进行长距离信息传输，将带来一场通信技术的革命。

高锟的研究是有创见的，而且在研究中，能从各种不同的角度去思考问题。例如，他在着手研究光纤通信中的基本性质的同时，还着手研究了材料的性质。与此同时，他还进行了大量的实验，从不同的侧面，用触类旁通的思维方式进行探索、研究，最后，终于找到了问题的根源，提出了自己的理论。

从理论的提出，到争论，再到应用，经过10年的探索，第一个用石英材料研制出的低损耗实用光纤通信系统开始工作。光纤以光一般的速度，迅速走进了世界各个角落，使人类的生活更加美好。现在，人们在家里不仅可以同时收到多部内容不同的高清电视节目和三维立体电视节目，还能满足不出户实现网上购物、远程医疗、远程教育甚至在家办公等与过去完全不同的生活方式。

高锟的划时代发明，彻底改变了人类传统的通信模式，掀起了人类历史上通信技术革命的浪潮，也为他赢得了巨大的世界声誉，他被冠以"光纤之父"、"科学巨人"和"杰出科学家"等称号。2009年12月11日，高锟获得诺贝尔奖后，一位记者对他进行了采访。当记者问到："你想对年轻人的将来说些什么"这一问题时，高锟说："有梦想就坚持不懈地去追逐，因为你永远不知道将来会怎样。选择一个你喜爱的职业——因为工作将占用你一生中的大部分时间，开心地工作，执著你的梦想。"[3]

二、你会"读书"吗

我们要完整地掌握作者的意念，必须探索文字的言外之意。

高锟

当今，人们虽然更多地通过互联网获取信息、查找资料，但是，读书仍然是一种既普遍又直接且非常有效的求知方法。而如何读书，仍然是人们不断探索的问题，尤其是那些著名的学者、文人和科学家，始终在探索读书的门径。而高锟，就是一位对读书进行不倦探索的人。

高锟出生于书香门第。父亲高君湘早年留学美国，曾获密歇根大学法学博士学位，回国后供职于上海国际法庭，是一位知名律师。祖父高吹万一生从事古物保护、地方修志、收集古籍和诗词创作，是著名的书法家、藏书家和文学家。高家世代读书可谓"诗书传家"。高锟的母亲也出自书香门第。每当中秋佳节家庭聚会时，她也会与高家人一起在举头望月之时一起作诗应景，抒发对华夏中秋佳节的情怀。高锟就是在这样的家庭氛围中成长起来的。

高锟的小学时代是在上海度过的。入学前，父亲曾给高锟请来一位私塾老师，教他四书五经。老先生往往只要求背诵，而不解释。这种约束自由的教育方式让高锟找到了自我思考、学会读书的方法。从那时起，高锟就能熟练地引经据典，理解书中的含义，并有独到的见解和创造性的应用。高锟认为，只有提高了理解能力，才能提高学习效率。他说："我们要完整地掌握作者的意念，必须探索文字的言外之意。"[4]例如，高锟对孔子的两句话是这样解释的。子曰："学而时习之，不亦说乎！"被他理解为"学以致用，是最令人快乐的一回事"；"温故而知新，不亦乐乎"被他理解为"不断研究发掘，是发现新知识的方法"。他认为，孔子是在"研究"概念出现之前，为现代的"研究"一词下定义的第一人[5]。又比如，高锟把程颢教诲的"读书将以穷理，将以致用也"应用到自己的读书学习中，认为文字往往不能涵盖作者的全部意思，所以应该在阅读时体察"言外之意"，刨根问底，追本溯源，同时着眼于将所学知识应用到实际工作之中。一直以来，高锟深信中国古代文化对他的一生起着重要的作用。他在后来回忆自己的成就时，深刻地体会到，吸取传统养分就像呼吸一样重要。

高锟上小学时，被送进上海霞飞路上的一所世界学校。这所由蔡元培、陶玄等创办的西式学堂，时为上海顶级贵族学校。在这所学校里，老师大都是留法的学者，教学方式采取启发式。比如，开设生物课，老师让学生自己写出各类昆虫的名称，鼓励学生写得越多越好。高锟灵机一动，把"毛毛虫"也写上了，惹得老师们哈哈大笑。

高锟在读书时，很注重背诵。他认为："背诵是一种有效的学习方法，对学生并无坏处……如果学生不事背诵，那才是灾难。背诵是把有用的知识永远嵌进脑袋的唯一方法，这么一来，日后有需要时便可以立即把知识由脑里提取出来。"[6]他还说："我深信背诵的日子对我的一生起着重要的作用。"高锟正是通过背诵，记住了中国不少出色的文学作品，如《三国演义》、《水浒传》、《古文观止》，以及外国文学，如莎士比亚戏剧等，他都能说出故事大纲。高锟在自传中回忆说："后来我发觉，我挺喜欢记诵各种各样的事情，包括一连串的数字，像圆周率是 3.1415926……一直到第三十五个小数位，我也可以背诵如流。"[7]

高锟从小学时代起，就找到了求知的乐趣，找到了读书的方法，找到了治学的途径。他不但学会了阅读、写字和计算，而且能够触类旁通，进行独立思考，学会了怎样牢记有关知识，怎样运用各种学习工具，怎样解决实际问题。高锟在中国传统教育和外国开放式教育相融合中成长起来。

三、一生挚爱

> 我从小就喜欢科技，是自然有兴趣的。小学时代，我已经在玩很多科学实验，把它们当做玩具，什么东西都要拆开来，看看里面好不好玩，好奇心很强。
>
> 高锟

爱因斯坦说过："研究人员分为三种：一种人从事科学工作是因为科学工作给他们提供了施展特殊才能的机会，他们之所以喜好科学正如运动员喜好表现自己的技艺一样；一种人把科学看成是谋生的工具，如非机遇也可能成为成功的生意人；最后一种人是真正的献身者。这种人为数不多，但对科学知识所作的贡献却极大。"[8]爱因斯坦所说最后一种人，是科学殿堂中的钻石，它虽然罕见难得，但却能放射出永久的光芒。高锟一生挚爱的就是对科学的探索。

童年的高锟喜好自己钻研、琢磨，好奇心与动手能力极强。高锟对化学最感兴趣，他曾经自己制造过灭火筒、烟花和晒相纸等。他家的三楼就是高锟童年的实验室。高锟的第一项实验是用红磷和氯酸钾粉末混合，加上水并调成糊状，用泥巴搓成弹丸，制造出泥球炸弹。待泥干后，就会变成小型炸弹，撞向硬物时，里面的化学品受冲击便会爆炸[9]。高锟做过实验，把风干后的弹丸扔下街头后果然发生爆炸，幸好没有伤及路人，他回忆说："这个实验十分成功。"后来，因化学元素红磷和硫酸混合，释放出有剧毒的硫酸气体，加之随时有爆炸的危险，父母便出面干涉，才将化学实验告一段落。以后，对科学充满好奇心的高锟又痴迷上无线电。在实验室里，他把收音机拆得乱七八糟，并琢磨着如何进行组装。有一次，他在商店里看到一盒无线电收音机的零件套，里面装有电磁圈、可调整的电容器、晶体棒、耳筒和一些电线等，回家后便央求父母说："买吧，不危险的。"父亲看到小高锟如此热爱科学，便对他说："如果你能成功，我还会买更多零件给你造别的款式的收音机。"在父亲的鼓励和支持下，8岁的小高锟成功地组装了一部有五六个真空管的收音机。这次，小高锟的父亲大为惊异，觉得儿子的小脑袋瓜不简单。从此，他的父亲便鼓励儿子做自己感兴趣的事情。每当回忆起自己童年时代的这段往事，高锟记忆犹新。他说："我从小就喜欢科技，是自然有兴趣的。小学时代，我已经在玩很多科学实验，拿它们当做玩具，什么东西都要拆开来，看看里面好不好玩，好奇心很强。我的父母和科学完全不搭界，他们也没有给我任何压力，我运气很好，没有人惩罚我，让我自由自在地成长，如果当时他们觉得我这么做是不好的习惯，那我的好奇心可能会受到打击。"[10]

高锟是幸运的。宽松自由的家教，具有创新氛围的校园环境，为高锟的自由发挥创造了良好的条件，也培养了他超强的动手动脑能力，使他在科学的道路上越走越远。1949年，读完小学的高锟便随父亲从上海移居香港地区，随后入读圣若瑟书院。高中毕业后，高锟以优异的成绩考入英国伦敦大学的电机工程系。在伦敦大学，高锟如饥似渴地学习他所喜欢的电机工程专业。他的英国同学都很诧异，这个瘦瘦小小的中国学生哪来这么多的精力。在同学们的眼中，高锟不是在图书馆里查阅资料，就是在实验室里做着一项项高难度的实验，而且他的各门课程几乎都是优秀。1965年，高锟获得了博士学位，从此，他在科学研究领域开始攀登。高锟认为，一个热爱科学的人，不仅要刻苦地学习前人所积累的丰富知识，而且要主动探求科学奥秘，不断开拓新的领域，寻求新的科学知识。在攻读博士期间，高锟就主动向光纤通信领域进行探索和研究。他一边学习新的知识，一边对光纤通信领域中的有关问题进行思考。

20世纪60年代末，高锟经历过这样一件事情：他在香港拨长途电话问候在伦敦的父母，因费用较高，匆匆3分钟就得挂线，这使他感受到通信对人类生活的重要性。他在研究中还针对光纤廉价问题进行过探索。经过研究，高锟提出："光纤是世界上用之不竭的材料做成的，那就是——沙粒。"[11]用沙粒做材料的好处是：环保、成本低，具有轻盈和高度耐受力的特性，并且不会泄漏光源。白色沙子的化学成分是硅，用这种沙子制成的玻璃叫做石英玻璃，它既耐热，透明度也高，是最理想的材料。这种材料到处都有，比金属线路要廉价上万倍。高锟经过努力，用廉价沙子制成光纤通信的基础材料终于变成现实，从而改变了人类生活，使光纤通信事业迅速地发展起来，成为20世纪人类的重要发明之一。有人还称这是中国第五大发明。

四、无处不"营销"

> 好像是推销员，就是说，卖东西给人家的，你一定要说服他，说这个是对的，这是你应该要买的东西。
>
> 高锟

在现在信息社会中,顾客的需求是市场营销的起点,满足顾客需要则是市场营销的最终目标。一个企业要生存、发展和赢利,就必须有意识地根据用户和消费者的需要来安排生产。而不断地推出新产品,不断地对产品进行更新换代,不但是企业发展的需要,也是消费者的需要。作为一名科研人员,如果研制出一项具有影响社会发展的新产品,也必须采取营销策略,如果对新研制的产品不宣传、不推销、不沟通,再好的产品也难以实现它的功能和效益。高锟深知这一点。

高锟所在的工作单位是英国标准电话与电报公司旗下的标准电讯研究实验所。该研究实验所已经注意到当时公众对改善通信设施有强烈的需求,并对高锟发明的这一新产品给予大力支持和资助。高锟懂得,从事科学研究,既要研究,又要宣传,否则,如果研究出来的成果束之高阁,无人问津,就失去了研究的价值。尤其是应用研究,更应该加以宣传,使之尽早地为人类服务。当他提出光纤理论后,就千方百计地把这一成果宣传出去。他像一位"布道者",到处演讲、游说,让人们知道光纤的价值和生产方法。他说:"我在埋首研究光纤通信之余,也希望尽量将有关的信息宣扬开去,让更多的人知道,吸引更多的人投入有关的研究,那么光纤通信有可能更快地看到'光明'了。当然,这样做也帮助我们寻求更多的资助,维持实验所的研究工作。"[12]高锟还在另外一个场合对推销光纤通信作过形象的比喻,他说:好像是推销员,就是说,卖东西给人家的,你一定要说服他,说这个是对的,这是你应该要买的东西。高锟知道,这项研究成果,将是人类通信技术的一场革命,人类有了光纤技术和网络,才能全面进入资讯科技世纪。

为了让人们信服光纤技术的可行性,高锟采取以下三个步骤进行宣传,推广他的设想。

第一步,把研究的成果以论文的形式发表出来,证明实现光纤通信不是神话。1963~1966年,高锟利用三年的时间,与他的同事们日夜奋战,查阅各种资料,进行各种实验,访问有经验的专家,对玻璃纤维进行理论和实用层面的研究,充分论证了实现光导纤维的可行性。1966年7月,他在论文中提出了光导纤维在通信上应用的基本原理,描述了长距离及高信息量光通信所需绝缘性纤维的结构和材料特性。简单地说,只要解决好玻璃纯度和成分等问题,就能够利用玻璃制作出光学纤维,从而高效传输信息。

第二步,为寻找"没有杂质的玻璃",高锟到各地发表演讲,寻求支持。高锟首先来到日本。他去了仙台的东北大学、日本电信电话公司的中央研究实验所、日本板硝子公司及日本电气公司。他在日本进行了几场演说,很受日本科学界的欢迎,并与光纤通信业者建立了良好的联系,有的还成为长久的朋友。高锟认为,他的首次日本之旅十分重要,对宣传光纤对通信的发展起到了关键作用。高锟的第二站是英国。他来到了英国锡菲特大学。这所大学以玻璃科学研究闻名,并存有大量的有关玻璃科学的研究资料。高锟看到这些资料,喜出望外,并试探是否能得到帮助。那所大学慷慨地给高锟提供了大量有关玻璃科学研究的资料,还给高锟指出了玻璃特性的研究方向。高锟在研究中发现,那所大学提供的研究资料,大都是制造带有装饰性的艺术玻璃,或者窗玻璃,与制造光学纤维不是一回事。但是在一次研讨会上,高锟了解到了一个技术问题,就是在光纤制造中如何解决水分存在的问题,这引起了高锟的重视。高锟又来到美国。他来到久负盛名的贝尔实验室。贝尔实验室在通信科技领域的成果众多,是主导世界通信科技发展的重要研发机构。对高锟的光导纤维研究,贝尔实验室开始是不重视的。因为"贝尔实验室对光纤的正式研究是从1967年开始的"[13],与高锟研究光纤的时间相比,晚了四年多。高锟在此期间,有三分之一的时间是在外地度过的。他要前往世界各地参加各种会议,无论是大型的国际会议,还是业内人士的小型聚会,他都参加。在会上,他极力宣传光纤的作用和制作标准,以期获得参加会议的领导、科学界和商业界人士的支持。除了日本、美国,高锟还去过德国和荷兰等地。他说,如果没有更多人的加入,玻璃纤维的应用不会得到发展。

第三步,宣传玻璃纤维的制造标准,并寻求生产厂家。高锟为了生产出"没有杂质的玻璃",寻访了多家玻璃制造商,希望能够生产他所需要的纯净玻璃。他经常奔波于美国、日本、德国等地,经过多方奔走,高锟的理论终于得到美国康宁公司的重视。康宁公司在高锟的指导下，率先制造出了能耗较低、质量较高，具有实用价值的石英玻璃，制造出了世界上第一根光导纤维。经过高锟的不懈努力，1981年，首个实用的光纤系统问世。

现在，光纤由发明到生产，已经历40多年。40多年来，光纤发挥的作用是巨大的。美国耶鲁大学校长在授予高锟"荣誉科学博士学位"的仪式上说："你的发明改变了世界通信模式，为信息高速公路奠下基石。把光与玻璃结合后，影像传送、电话和电脑有了极大的发展……"[14]可以说，没有光纤的发明，就没有今天的互联网，也就没有今天的信息高速公路。今天，大家的工作和生活已时刻离不开它；光纤在医学、工业、军事等方面也有许多的应用。光纤的发明，已经直接惠及几十亿人口，对现代社会产生了深远影响。

五、坚忍不拔是个必要条件

所有的科学家都应该固执己见，一旦认准的路，就要百折不回走到底，撞上南墙也不回头，否则的话，你永远不会成功。

高锟

人们在从事科学研究的时候，往往只注意到科学研究中成功的事件和正确的结论，而没有想到取得成功前所遭遇的多次失败和经过的千难万险。这就需要从事科学研究的人，要有百折不回的毅力和品质，去克服一切困难。

高锟在1963年从事光纤通信研究时，他进行的科研项目在主流科学家看来几乎是"不可能完成"的任务。当时，高锟的光纤理论发表后，遭到很多人的嘲笑，几乎无人相信世界上会存在无杂质的玻璃，有人甚至认为他是"疯子"。但高锟却坚持自己的理论，对"自己意念深具信心，锲而不舍"[15]。他说："做事固执，冥顽不化，可能不是个好品质，但所有的科学家都应该固执己见，一旦认准的路，就要百折不回走到底，撞上南墙也不回头，否则的话，你永远不会成功。"[16]的确，用一根玻璃丝来传输无穷的信息，这在40年前犹如天方夜谭。有人曾断言，光纤传输就像永动机那样，虽然设想十分美好，但是永远只是一个设想。刚过而立之年的高锟则提出：只要解决好玻璃纯度和成分等问题，就能够利用玻璃制作光学纤维，从而高效传输信息。

高锟懂得，进行科学研究不但要充满自信，有坚定的信念，而且要不怕打击。高锟提出光纤通信理论是个划时代的产物，要做到理论突破是一项很不容易的事情。当时，就连他的助手对此都产生了怀疑，并对高锟说："高教授，这种实验能成功吗？"但高锟斩钉截铁地回答道："能，一定能！"[17]当时的高锟已处于孤军奋战的处境。在那段时间，一意孤行的高锟除了埋头研究自己的理论之外，还向当时美国通信界的权威机构——贝尔实验室推销自己的想法，因为他觉得这个实验要成功，必定要动用庞大的人力和物力。但即使高锟愿出售专利，贝尔实验室也不看好。到哪里去找这种玻璃呢？充满自信的高锟没有被各种打击吓倒，他四处奔走。他先后去过美国、日本、德国几乎所有的玻璃厂，跟工人们讨论玻璃的制法。功夫不负有心人。他的理论虽然在通信界不被接纳，但却得到通信界以外的美国玻璃生产商康宁公司的赏识。在高锟的指导下，康宁公司发明了石英玻璃，成功制造出世界第一根光导纤维，使科学界大为震惊。4年后，光纤开始大量生产，到1981年，光纤传输系统正式面市，从此，在全世界迅速掀起了一场光纤通信的革命。

高锟从发明光纤通信理论中得到启示，治学要取得成功，必须具备坚忍不拔的毅力，具有永不言弃的精神。高锟在探索光纤理论的过程中，经历过的三个阶段和境界，可以用著名国学家王国维先生描述学者治学的"三种境界"进行概括和总结。王国维说，古今之成大事者、大学问者，必经过三种境界。"昨夜西风凋碧树，独上高楼，望尽天涯路"，此第一境也。"衣带渐宽终不悔，为伊消得人憔悴"，此第二境也。"众里寻他千百度，蓦然回首，那人却在灯火阑珊处"，此第三境也。高锟治学的三种境界也是充满阶段性和意境的。你看他，为了探索光纤理论，迎着困难，苦苦思索，勇于攀登，可谓意境高远,不正是"独上高楼,望尽天涯路"吗?你看他,为了实现光纤通信的设想,无论遇到多大的挫折也不后退,始终不渝,这种勤思苦虑、孜孜以求的精神正是"衣带渐宽终不悔"的奋斗阶段;你看他,几经奋斗,从1966年发表第一篇探讨光纤理论的论文,历经40多个春秋,终于朝花夕拾,成为世界的"光纤之父"、诺贝尔奖得主,为世界光纤通信作出了贡献,这是多么快乐的事情啊!是的,不经历漫长的探索,就不会体会成功之欢欣。高锟探索光纤理论初期,正处在"山重水复疑无路"的境地,但他百折不回,迎着困难,勇于攀登;最后,经过不懈的努力,终于迎来了"柳暗花明又一村"的美好景色。

今天,当人们在互联网中畅游,欣赏高清晰电视转播节目,与千里之外的友人以清晰的声音、视频通话时,人们怎能忘记那个"痴人说梦"的年轻人高锟。正是高锟,以不达目的决不罢休的"固执"精神,实现了自己的梦想;正是高锟,不断忍受自己在前进道路上成功与失败的考验,不断努力奋斗,才取得辉煌的成就;正是高锟,把人类带入了信息无限的丰饶时代,使信息高速公路在全球迅猛发展,在全世界掀起一场光纤通信革命。

六、科学研究从哪里开始

从理论层面来看,他们是对的,但我还要寻找,直到找到用于制造光纤的材料为止。

高锟

科学研究活动从哪里开始?有人说应从观察实验、搜集材料开始;有人说,应从前人已积累的知识、掌握的理论开始;有人说,应该从发现和提出问题开始。三种观点,哪种观点符合实际呢?传统观点认为,科学研究始于观察,认为科学研究应从通过观察实验所获得的经验事实开始,是由"认识源于实践"这个基本命题导出的结论。这种观点长期以来极为流行,它虽然对科学史上的许多研究活动作过一定的说明,但始终未能对科学研究起点作出合理的解释。第二种意见,认为应该从大量的材料中通过归纳与综合找出研究的方向,这种观点虽然有一定的合理性,但对科学研究起点的描述很模糊,概念并不十分清楚。而第三种观点认为,只有从问题开始,才可以说是真正地进入了科学研究阶段。这是因为,进行科学研究,就是对人类未知的问题作出解答。只有提出问题,才对科学研究有着重要的意义。可以说,科学研究的历史,就是对问题不断展开深入研究的历史。因此,能否提出问题是进行科学研究的关键。爱因斯坦指出:"提出一个问题往往比解决一个问题更重要,因为解决一个问题也许仅仅是一个数学上或实验上的技能而已。而提出新的问题、新的可能性,从新的角度去看旧的问题,却需要创造性的想象力,而且标志着科学的真正进步。"[18]科学家们以如此方式加以强调提出问题的重要性,说明提出问题在科学研究中占有重要地位。

　　早在20世纪60年代初,一些科学家已经对光纤的传递功能展开研究,但都解决不了光在传递过程中光源由强变弱的问题,光纤传递距离只能达到1~2米,原因是光在玻璃光纤中传输会产生剧烈的衰减。一些科学家认为,光纤只能用于短短的胃镜管上,而要用于长距离通信是根本不可能的。而高锟正是从人们认为"不可能"的想法入手,进行大胆探索。对光纤的传输距离问题,虽然大家都在研究,但各有各的观点和看法,都不够全面、不够深入,必须从新的角度、新的层次上去研究,才能取得独创性的成果。

　　如何降低光在传送过程中的剧烈衰减,高锟针对这一问题作了大量的研究。高锟曾向不同的材料专家请教,但专家们都说,就当时的科技水平而言,这种"超纯度的玻璃"是不可能做到的。高锟说:"从理论层面来看,他们是对的,但我还要寻找,直到找到用于创造光纤的材料为止。"[19]高锟排除了一系列的影响因素,利用三年多的时间,经过研究证明:玻璃中的离子杂质,对光的衰减起到了决定性的作用。与此同时,他还发现了最适合长距离传输的光的波长。至此,利用玻璃光纤进行长距离通信,已从"不可能"转变为"可能",前提是要有超纯净的玻璃。功夫不负有心人，4年后的1970年，美国康宁公司率先将高锟的科学预言变为现实，研制出长度达半英里的超纯光纤。从那以后，高锟的发明不仅有效地解决了信息长距离传输的问题，而且还极大地提高了效率并降低了成本。同样的一对线路，光纤的信息传输容量是金属线路的成千上万倍。制作光纤的原料是沙石中含有的石英，而金属线路则需要贵重得多的铜等金属。此外，光纤还具有重量轻、损耗低、保真度高、抗干扰能力强、工作性能可靠等诸多优点。今天，光纤构成了支撑我们信息社会的环路系统，这种低损耗性的玻璃纤维推动了全球通信技术的发展，成为信息社会的重要基石。

高锟提出并解决的光纤剧烈衰减问题，是"谁都想不到"的。这样的问题，必然会引发新的科学革命，开辟新的学科方向，标志着科学的真正进步。其实，历史上的科学革命，都是由这样的问题引发的。

杨振宁说，早在20世纪50～60年代，科学家已经对光纤的传送功能展开研究，但大家都解决不了传送过程中光源由强变弱的问题，传送的距离只能达到1～2米。高锟的这一划时代发明，使人类的生活方式发生了翻天覆地的改变！

七、为名利？那不是科研

> 我觉得，一个人有这样的好运，能做一件前所未有的事情，而且能做出来，影响又非常大，这对于我个人来讲，真的甚感欣慰。……所以，我很满足，拿不拿钱，得不得奖，对我全是没有什么意思的。
>
> 高锟

中国有个成语，叫做"名缰利锁"。意思是说，用名利束缚人，就像缰绳和锁链套在人身上一样。搞科学研究的人如果被名利思想缠身，就很难攀登上科学的高峰。居里夫妇在科学领域功勋盖世，然而他们却漠视名利，最厌烦那些无聊的应酬。他们把自己的一切都献给了科学事业，而不捞取任何个人私利。在镭提炼成功后，有人劝他们向政府申请专利权，以此发财。居里夫人对此说："我们不能申请专利，那是违反科学精神的。""科学家无权把他们的发现当做摇钱树，镭属于世界上所有的人，而且，它可以用来治疗癌症，在这种情况下，我们更不能以此牟利。"[20]居里夫妇还把得到的诺贝尔奖金赠送他人。居里夫妇对待荣誉和金钱的态度成为后人学习的楷模。而高锟用一生来研究一根比头发丝还细的光纤，43年如一日，醉心研究，淡泊名利，更受人景仰。

高锟从32岁开始，就研究世界上无人相信的"无杂质的玻璃"。在研究的过程中，他受过冷嘲热讽，受过挖苦打击，但仍然情有独钟地研究他的光纤。他坚持自己的理论，像"布道者"一样到处推销他的信念。他远赴日本、德国，甚至拜访美国大名鼎鼎的贝尔实验室，受到打击后，仍不回头，直到第一根他所设计的光纤问世。当他获得2009年诺贝尔物理学奖时，他却说："我对于获颁诺贝尔物理学奖深感荣幸。诺贝尔奖鲜有表彰应用科学的成就，故我从来没有想过会获奖，感到非常惊喜。"[21]高锟懂得，科学没有终极真理，只有阶段性真理，只是这个阶段的长度不一样。

高锟的划时代发明，掀开了人类历史上一次通信技术革命，也为他赢得了巨大的声誉。他被冠以"光纤之父"、"科学巨人"、"杰出科学家"等称号。由于他发明的光纤属于雇佣他的英国电话电报公司，他并未从中获得巨大财富，只获得了公司的升职和加薪。但高锟毫不介怀，他坦言，"能够找到完全符合自己兴趣的工作，这就是一种享受，何况还能得到报酬和赞誉呢！"[22]当记者问及此问题时，高锟说："我没有后悔，也没有怨言，如果事事以金钱为重，我告诉你，今天一定不会有光纤技术成果"。[23]他还对记者说："我觉得，一个人有这样的好运，能做一件前所未有的事情，而且能做出来，影响又非常大，这对于我个人来讲，真的甚感欣慰。就像印刷机发明后，让所有老百姓都可以拿到印刷出来的书，可以增加知识一样，光纤把我们知识时代的所有的信息，所传送的资料，都可以迅速地传递给人家，所

第七章 光纤之父：高锟

以，我很满足，拿不拿钱，得不得奖，对我全是没有什么意思的。"[24]

从发表那篇划时代的论文，到被学术界和企业界认可，高锟等了15年；等到光纤技术的广泛应用，又经历了20多年；由取得突破性成果到获得诺贝尔奖，又是8年。43年来，高锟获得了不少国际性大奖，如巴伦坦奖章、利布曼奖章和马可尼国际奖等，但他从未把这些荣誉看得很重。他在担任香港中文大学校长期间还在思考开发新型光纤，可谓孜孜不倦。每年，他从个人账户里拨出2万元港币，资助贫困学生；香港中文大学扩建校舍时，他从自己的个人存款中开出一张支票亲自交给校长，捐资赞助；获得诺贝尔物理学奖后，他又拿出一半奖金用于慈善事业，捐助阿尔茨海默病研究机构。

现在，高锟被阿尔茨海默病缠身，表达困难，他对姗姗迟来的诺贝尔奖已经记不清楚了。对于他来说，诺贝尔奖或许已不重要。名、利、权皆与他无关，他就像茫茫夜色中的高锟星，平凡而璀璨。

八、没有开创性出不了大名堂

> 要发明创造，思想就不能太固执，应该放松一些，具备开放、活跃的思维，乃发明创造的有利条件。
>
> 　　　　　　　　　　　　　　　　　　　　　　　高锟

翻开世界科学发展史，每一项科学成果的出现，都具有一定的开创性。实际上，一部科学发展史，就是记载科研成果创新的历史。高锟从事科学研究，始终把具有开创性的意念和发明作为必要的条件。1966年，他曾对香港应用科技研究院行政总裁张念坤说：从事科研要创新，要看得远，要想下两三代的技术需要。

瑞典皇家科学院诺贝尔奖委员会在颁奖词中高度赞扬高锟在光纤领域的开创性成就，评价他"作出了有益于日常生活的实用性创新，为科学探索提供了新工具"。颁奖词说："1966年，高锟的一项发现实现了光纤应用突破。他精心计算如何通过光导纤维远距离传输光。用纯度极高的玻璃纤维在超过 100 公里的距离上传输光信号成为可能，而在 60 年代普通的纤维只能传输光信号 20 米远。"[25] 著名资讯科学家、香港中文大学博文讲座教授姚期智评价说："高锟教授在科学上的成就，具有一切最伟大科学发现的共同特色：第一，他的光纤技术改变了世界，如果没有他的伟大发现，我想世界会跟现在完全不同；第二，他的创新是平常人想不到的，40 年前通信最快的媒介都是金属线，高锟惊人的想象力在很多人看来匪夷所思。"[26]

高锟在光纤研究方面取得的开创性成果来源于他的开创性思维方式。高锟曾对年轻的发明家说过："要发明创造，思想就不能太固执，应该放松一些，具备开放、活跃的思维，乃发明创造的有利条件。"[27] 高锟在大学时代，就注重开放性思维的培养，他在治学过程中，始终贯穿着创新性。在香港中文大学联合书院 2011 年院刊《联合迈进》二月号献给高锟伉俪的专辑中，就有不少文章的作者提到高锟在治学上不做跟随者，称他是坚持志向、力求创新的典范。高锟的治学观点是，要以创新为满足，注重实际应用；从事科研绝不能做跟随者，要有创新和突破；做研究要有恒心，做常人不敢做的事。他还对一群年轻科研人员说，当我们认定一个有潜力的科研项目时，就要抱着锲而不舍的精神，不能急功近利。只有坚守志向，在科研上刻苦钻研和投入，才能成就事业。

高锟在大学时代，特别喜欢莎士比亚的《裘力斯·恺撒》里的名句："世界起伏本如波浪，人们若能乘高潮一往直前，定可功成名就；若不能把握时机，就会终身蹭蹬，一事无成。"[28] 抓住机遇进行创新性思维，在他的头脑中始终占主导地位。当人们因为没有合适材料而放弃光纤研究，对未来的光纤失去信心时，他抓住这一时机，看到了光纤通信发展的前景和应用价值，便放下一切杂务，全身心地投入光纤通信的研究中去。

高锟取得的开创性成果给我们哪些启示呢？

启示一：学习不能墨守成规，死守书本。高锟发明光纤理论就是在别人不敢想的情况下发现的。他提出用石英玻璃制造光纤，这在当时可以说是"异想天开"，但高锟打破思维定式，用奇思妙想取得了开创性成果。这种敢于打破思维定式的治学方法是极其可贵的。

启示二:进行科学研究要长期专注。如果一个人长期专注于自己感兴趣的一个问题或一个学科,并不惜花费时间,坚持不懈地进行思考与研究,就很可能取得新的成果。高锟从提出用石英玻璃制造光纤开始,到光纤的迅速发展,为人类带来福音,经过了 40 多个春秋,终于在光纤通信研究领域获得了丰硕的成果。

启示三:科研不要怕失败。如果高锟被一些所谓的权威专家迷惑,处处谨小慎微,害怕出错,用光纤照亮世界的梦想就不可能实现。因此,在科学研究中,不能只想到"柳暗花明又一村",而忽视了"梅花香自苦寒来",要去掉头脑中急于求成和急功近利思想的影响,全身心投入科研中,用扎扎实实的步伐走完科学研究所要经过的历程。

九、每个人都要终身学习

随着教与学模式的不断变化,每个人都要终身学习,才能跟上新知识、新时代。

高锟

进入 21 世纪以后,人类文明已发展到了一个新的转折点。这个转折点的重要标志,就是学习成为人类生存的第一需要。在知识经济时代,每个人都面临着无数的选择,而"学习、学习、再学习"这一口号,便成为知识经济时代人们生存的座右铭。

高锟从懂事的时候起,就热爱学习,随着年龄的增长和知识的增多,高锟的治学方法也不断丰富。中学会考时,他就能将掌握的学习方法灵活自如地运用于学习之中,取得了优秀的考试成绩。但高锟没有满足,而是继续钻研,终于在 1966 年,提出了惊人的理论——用石英玻璃制造光纤。高锟提出这一惊人的理论后,仍然不断探索,执著追求，继续探索光纤将来能否免费使用这样一个惊人的设想。高锟在学习中，始终根据世界科技发展的形势来思考自己的学习范围、学习方向和学习目标。他认为，今后的科技发展比过去快千万倍，科技发展的速度已经远远超出了科学家的预计。日新月异的科技发展促使每个人都要学会学习，懂得终身学习的道理。高锟在读博士研究生期间一位上司曾经对他说："你设计的这个扩音器，为什么只用上了你由大学里学来的基本理论？这只是书上教的理论，你无须重复你已做过的事情，而是要运用学得的知识，创造出新的设计。"[27]这句话使高锟深受启发：原来中学与大学的严格训练，只是教人学会怎样学习，以及在有需要时知道怎样求取新的知识。其实，高锟在中学时代就懂得了怎样学习的道理。他在自传中说："学习的方法对我们帮助更大，我们不用再生吞硬记老师的讲授内容，而是在老师的指引下，自己寻求答案。这教会我们运用图书馆材料和通过与老师讨论，自我学习。"[29]高锟上了大学以后，学习能力进一步提高。他在自传中说："即使在大学里，我学习的也只是如何利用工具令知识的发掘更深更广，并且要能触类旁通。我能将思想的羁绊减到最少，从而独立思考。"[30]

高锟还主张学习必须讲究"专心"与"拉高"。在当今知识爆炸的时代，要学习的知识实在太多了，然而人生有限，每个人的人生时间只有几十年，如果什么都学，很难有所成就。高锟认为，治学"应该学习如何集中，懂一样东西，专心研讨，深入思维；同时，不能专注一种学问，也善于拉高对其他知识的认识能力，事事看得深入一点。"[31]

在"专心"方面，高锟40多年如一日，集中精力钻研光纤通信理论，寻找"没有杂质的玻璃"。当记者问他："你在早年提出的光纤理论要待20多年后被大众认可，这段时间你怎样推动自己继续研究的？"高锟回答说："我花了20多年的时间进行研究，从中得到无限的满足感。我觉得一个人必须集中注意力去做一些可贡献社会的事情。我的座右铭是：当我离去之后，世上仍存留一点或深或浅的足迹。"[32]在"拉高"方面，高锟主张治学要"深入一点"。就是说，治学不但要扩大知识面，而且还要在原有的基础上深入一些。高锟到了晚年还总结出一条治学经验，即学会学习是实现终身学习的基本条件。高锟在他71岁编写的《潮平岸阔——高锟自述》一书中，深刻地阐述了这一观点。他说:"面对不断增加和变化的知识,需要有一套新的教育下一代的方法,传授和学习都要有新的模式。学生要学会自行学习,教师要学会如何指导学生自行发掘知识,家长也要重新认识本身在这种教学模式中扮演的角色。换言之,随着教与学模式的不断变化,每个人都要终身学习,才能跟上新知识,新时代。"[33]高锟在担任香港中文大学校长时,曾提倡教师要压缩课时,讲授重点,激励学生去探索,注重学生自主学习理念的深入,以实现终身学习。他不但提倡,还身体力行,做到身教重于言教。他年逾60岁时还不忘记学习,想着开发新型的光纤。在讨论各种问题时,他不以"光纤之父"自居,而是和晚辈平等地讨论问题。对于高锟而言,凡是新奇、新鲜的事物都能引起他的极大兴趣。他在60岁的时候开始学习潜水。他说"当潜水的时候,可以欣赏到一览无余的美丽海底世界,令人心情愉悦。"[34]高锟不但喜欢遨游海底,而且还喜欢打网球和做陶艺。他说:"我现在最喜欢做陶艺,一个人静静地抚弄泥土,这种感觉我很喜欢"[35]高锟这种勤奋学习的精神,在香港中文大学师生中一时传为佳话。现在,高锟虽然患有阿尔茨海默病,但他在接受记者采访时仍不忘记光纤的未来发展。他说:"光纤的广泛应用,将使世界上更多人有希望更方便的通信交流,并不会干扰自然环境——这真是一项绿色科技。而且它很便宜!举个例子:将光纤安装在房屋顶上,收集屋顶上的太阳光,然后将光传送到黑暗的房间里,从而节省能源"。[36]

我们应该像高锟那样,树立终身学习的理念,努力提高科技创新能力,为实现伟大的中国梦,实现中华民族的伟大复兴作出自己的贡献。

参考文献

[1] 沙磊.高锟:夯实信息时代的基石.中关村,2009,(11):70.

[2] 高锟.潮平岸阔——高锟自述.第2版.徐迪锵译.成都:四川文艺出版社,2009:90.

[3] 兼听则明.诺贝尔物理学奖得主高锟如何评价自己.www.sina.com.cn.2009-12-11.

[4] 许晓青,吴霞.上海表兄忆高锟少年时代:国学根基很深.http://news.xinhuanet.com/tech.2009-10-17.

[5] 李彦春,肖榕.闻堂第获诺贝尔奖我一夜未眠.大家文摘报,2009-10-12,第7版.

[6] 高锟.潮平岸阔——高锟自述.第2版.徐迪锵译.成都：四川文艺出版社,2009：31.

[7] 高锟.潮平岸阔——高锟自述.第2版.徐迪锵译.成都：四川文艺出版社,2009：47.

[8] 戴世强.与青年朋友谈科研与学习方略.上海：上海大学出版社,2011：510.

[9] 高锟.潮平岸阔——高锟自述.第2版.徐迪锵译.成都：四川文艺出版社,2009：35.

[10] 阿红.高锟：牵动世界神经的"光纤之父".人物,2010,(1)：23.

[11] 杨真真.改错：诺贝尔奖华裔科学家在美英学到了什么.北京：中国青年出版社,2011：211.

[12] 高锟.潮平岸阔——高锟自述.第2版.徐迪锵译.成都：四川文艺出版社,2009：190.

[13] 阎康年.美国贝尔实验室成功之道.广州：广东教育出版社,2000：181.

[14] 张丰强,余仲秋.漫谈物理学中的科学精神.郑州：河南人民出版社,2010：105.

[15] 高锟.潮平岸阔——高锟自述.第2版.徐迪锵译.成都：四川文艺出版社,2009：246.

[16] 阿红.高锟：牵动世界神经的"光纤之父".人物,2010,(1)：25.

[17] 阿红.高锟：牵动世界神经的"光纤之父".人物,2010,(1)：24.

[18] 爱因斯坦,英费尔德.物理学的进化.上海：上海科学技术出版社,1962：59.

[19] 阿红.高锟：牵动世界神经的"光纤之父"人物,2010,(11)：25.

[20] 周雁翎,杨建邺,肖明.居里夫人传.长春：长春出版社,2002：127.

[21] 钱钰,张骞,俞陶然,等.高锟等三人共获物理学奖.http：//news.sohu.com.2009-10-07.

[22] 山峰,桌航.中华民族的骄傲——记获得诺贝尔科学奖的第8位华裔科学家,"光纤之父"高锟.文史,2010,(1)：46.

[23] 刘旭阳."光纤之父"高锟：迟到的诺贝尔物理学奖.http：//www.secdoctor.com/htnl/zixun/tupianxinwen.2010-01-07.

[24] 阿红.高锟：牵动世界神经的"光纤之父".人物,2010(1上

期）：25.

[25] 唐娜. 2009年诺贝尔物理学奖颁奖词节选. 环球时报, 2009-10-07, 第3版.

[26] 吕诺. 同事朋友共话诺贝尔物理学奖得主高锟. http：//www. sina. com. cn. 2009-10-07.

[27] 高锟. 发明创造需要开放活跃思维. 发明与革新, 2000, (4)：40.

[28] 刘旭阳. "光纤之父"高锟：迟到的诺贝尔物理学奖. http：//www. secdoctor. com / htnl /zixun / tupianxinwen. 2010-01-07.

[29] 高锟. 潮平岸阔——高锟自述. 第2版. 徐迪锵译. 成都：四川文艺出版社, 2009：59.

[30] 高锟. 潮平岸阔——高锟自述. 第2版. 徐迪锵译. 成都：四川文艺出版社, 2009：42.

[31] 阿红. 高锟：牵动世界神经的"光纤之父". 人物, 2010, (1)：26.

[32] 阿红. 高锟：牵动世界神经的"光纤之父". 人物, 2010, (1)：26.

[33] 高锟. 潮平岸阔——高锟自述. 第2版. 徐迪锵译. 成都：四川文艺出版社, 2009：126.

[34] 刘晓雪. 高锟童年曾尝试自制炸弹, 如今喜欢陶艺和打网球. http：// news. sohu. com. 2009-10-07.

[35] 刘晓雪. 高锟童年曾尝试自制炸弹, 如今喜欢陶艺和打网球. http：// news. sohu. com. 2009-10-07.

[36] 兼听则明. 诺贝尔物理学奖得主高锟如何评价自己. http：//www. sina. com. cn. 2009-12-11.

后 记

12年前，笔者在科研工作之余，怀着对诺贝尔科学奖获得者的崇敬之情，拜读了许多诺贝尔科学奖获得者的人物传记及有关资料。对华人诺贝尔奖获得者杨振宁、李政道、丁肇中等科学家的传记，笔者更是爱不释手。华人诺贝尔科学奖获得者的成才经历、治学经验和科研方法深深吸引笔者，使笔者不由为之赞叹。他们，是世界科学界的精英，是我们中华民族的骄傲，也是我们每一位青年学生和科研工作者学习的楷模。于是，笔者便想要把他们的成才经历、治学经验和科研方法总结出来，让青年学生和从事科研工作的青年学子学有借鉴，使他们从中受益。在这一想法的指导下，笔者开始通过各种途径收集有关他们的资料，经过近10年的积累，笔者写出了《杨振宁的治学态度和方法》、《论杨振宁的科研风格》、《李政道的治学方法》、《李政道的科研思想和方法》、《丁肇中的治学方法探微》和《丁肇中的科学实验思想和方法》等文章，并投寄到一些杂志。没过多久，这些论文都在刊物上发表了。这更加坚定了笔者写好此书的信心。

2004年11月15日，笔者在收看中央电视台《新闻会客厅》这一节目时，看到诺贝尔人才学研究专家杨建邺教授接受记者采访。杨建邺教授说，到目前为止，还没有人对诺贝尔科学奖获得者的治学与科研方法进行研究。于是，笔者便暗下决心，要对华人诺贝尔科学奖获得者的治学与科研方法进行探索。

2011年11月，笔者把书稿的第一、第二章通过电子邮件发到科学出版社，科学人文分社社长侯俊琳和编辑李奕便对此书提出了很多宝贵的、建设性的意见，并把书名定为"为什么他们可以成为大师——7位华人诺贝尔科学奖得主的成功法则"，笔者便按照要求，完成了本书。

此书的出版，首先感谢科学出版社，尤其是科学人文分社侯俊琳社长和李奕、石卉编辑，感谢他们对此书的精心指导和策划、支持和鼓励。笔者还要感谢家人对写作此书的支持，尤其是妻子魏耀华，为了让我集中精力完成书稿的撰写任务，她把全部家务都承担下来，让笔者安心写作。正是他们的奉献和付出，才使这部书稿顺利完成。

在写作本书过程中，笔者参考了许多著作、论文和文章，虽然大都在每章之后列出了参考文献，但也难免有所疏漏与遗忘。在此，谨向有关参考文献的作者致以谢忱和歉意。

本书涉及的学科知识广泛，笔者深感知识广博度不够，因此，书中不当之处在所难免，还望专家、读者批评指正。

李凤岐

2014年1月15日于哈尔滨